2017年度北京市教育科学"十三五"规划重点课题
"幼儿园教师专业胜任力的诊断标准与发展模型研究"
（项目编号：AAFA17016）的阶段性研究成果

Preschool Program Quality Assessment

(PQA)

高瞻课程的理论与实践
——HighScope——
霍力岩 主编
李金 刘祎玮 何淼 副主编

学前教育机构质量评价系统

[美] ▎高瞻教育研究基金会（HighScope Educational Research Foundation） ▎著

霍力岩 黄爽 黄双 李金 徐鹏 陈雅川
高宏钰 王辙 魏灿星 陈鹏飞 张娜娜 ▎译

李金 审校

教育科学出版社
·北 京·

丛书译者前言

支架儿童在活动过程中表现出高度热情和广泛兴趣
——走近高瞻课程模式的理论与实践

高瞻课程模式（HighScope Curriculum）在我国曾被译为"高宽课程""海伊斯科普课程"等。它诞生于20世纪60年代的美国，历经半个多世纪的建构、解构与重构，已经成为当今世界学前教育领域举足轻重的幼儿园课程模式。可以这样认为，高瞻课程模式是以公立幼儿园儿童为主要对象，以支持儿童学会主动学习（active learning）为基本价值取向和主要教育目标，以为儿童提供支持性学习环境为基本资源依托和主要教育条件，以助力儿童在一日生活环流程（daily routine）和计划—工作—回顾（Plan-Do-Review）的活动中持续学习为基本实施思路和主要教育过程，以系列关键发展指标（Key Developmental Indicators，KDIs）及其水平层级为基本进阶指引和主要教育内容，以支架儿童在活动过程中对周围的自然与社会产生高度的热情（high aspirations）和广泛的兴趣（a broad scope of interest）为基本评价框架和主要教育效益，以帮助教师通过主动学习胜任专业岗位和持续岗位进阶为基本启动范式和持续质量保障的一种幼儿园课程模式。在当今建设高质量学前教育体系并持续推进"幼有所育""幼有善育"的形势下，在当今建构高质量幼儿园教育评估体系并持续推进"科学评估""以评促建"的形势下，相信高瞻课程模式会为我们思考在新时代里"培养什么人""为谁培养人""怎样培养人"的问题，思考落实"立德树人"根本任务并"为培养德智体美劳全面发展的社会主义建设者和接班人奠定坚实

基础"的问题，思考幼儿园课程开发中的课程目标定位、课程条件保障、课程
过程展开和课程效果评估等"立柱架梁"的问题，思考幼儿园教师培养培训的
"岗位胜任力"和"内生学习力"以及培养培训方案中的"反向设计、正向施
工"的问题，思考幼儿园保育教育质量评估并建设适合新时代中国幼儿园保育
教育质量评估模式的问题，思考幼儿园教师教育质量评估并建设适合新时代中
国幼儿园教师教育质量评估模式的问题等一系列重大问题提供方向指引。同时，
为我们不断努力为明天建构出中国化、高质量和可持续的整体解决方案——以
中国智慧及适合中国儿童的幼儿园保育教育质量评估模式为基础，积极建构并
持续完善基于"整合与进阶"理念的幼儿园课程模式，以中国智慧及适合中国
教师的幼儿园教师教育质量评估模式为基础，积极建构并持续完善基于"适岗
与发展"理念的幼儿园教师教育课程模式，切实扎根中国大地建构中国式启蒙
教育的"四梁八柱"并转化为在教育现场中的幼儿园课程提供有益借鉴。

一、高瞻课程模式与新时期学前教育事业的改革和发展

（一）高瞻课程模式对于深刻认识学前教育价值具有重要意义

　　20 世纪 60 年代，在美国"向贫穷宣战"的全国性战略行动中，著名的佩
里学前教育项目（Perry Preschool Project）又称为高瞻佩里学前教育项目——一
项针对处境不利学前儿童进行教育干预的公立学前教育项目——在密歇根州伊
普西兰蒂市诞生。高瞻课程模式正是这一著名学前教育项目的支柱性组成部分，
它是历经多年的理论研究和实践探索形成的一套幼儿园课程模式。从某种意义
上来说，正是高瞻课程模式为世人熟知和公认的长效教育结果推进了我们对学
前教育高效、长期和综合价值的认识。

　　基于对高瞻佩里学前教育项目或高瞻课程模式中学前儿童发展的长期追踪
研究，权威研究者们有了关于优质学前教育效果的新发现，即优质学前教育方
案在提高儿童的受教育年限和教育成就、增加国家税收、减低福利开支和预防
犯罪等方面成果喜人。美国学者施瓦因哈特（Schweinhart）、蒙铁（Montie）等
在 2005 年对高瞻课程模式的研究中发现，优质学前教育方案对人的一生有着深
远的影响，并通过对人的影响产生对社会的综合影响。经过对高瞻课程模式中

学前教育的成本—收益分析，发现在扣除了通货膨胀等因素后，每投资 1 美元到学前教育以帮助贫困儿童，便有 17.07 美元的收益，其中 12.9 美元的收益属于纳税人，4.17 美元的收益为儿童个人所有。特别值得指出的是，诺贝尔奖获得者赫克曼（Heckman）及其同事在重新分析高瞻佩里学前教育项目的相关数据后，再次确认了以上研究结果：对女性来说，高瞻佩里学前教育项目在提高教育成就、就业率、成年后经济收益以及降低犯罪率方面都产生了有益的影响；对男性来说，高瞻佩里学前教育项目对降低犯罪率、减少监禁、增加 27 岁时的收入、增加 40 岁时的就业以及其他经济收益方面都有长期积极的影响。除此之外，对高瞻佩里学前教育项目的追踪研究还发现，与参与其他课程的儿童相比，参与高瞻课程模式的实验组儿童在成年后（40 岁以后）的综合评价中，学前教育的长期效应最为显著。随着高瞻课程模式促进学前儿童有益、有效发展的积极意义越来越多地得到证实，高瞻课程模式的影响和发展已然跨越国界，成为有世界影响力的优秀幼儿园课程模式。

时至今日，对高瞻佩里学前教育项目或高瞻课程模式教育效果，特别是中长期教育效果的研究成果，推动了世界各国对学前教育价值以及学前教育价值的长期性和综合性的认识。在我国，越来越多的人已经认识到并将越来越深刻地认识到，学前教育的价值已经远远超越了促进个体发展和家庭和谐的民生范畴，正在与做好入学准备和实现幼小科学衔接、提升国民素质、促进人的全面发展的"建设高质量教育体系"等目标紧密联系在一起，并将对构建和谐社会、促进社会公平和打赢脱贫攻坚战、全面建成小康社会后进一步巩固拓展脱贫攻坚成果，接续推动脱贫地区发展和乡村全面振兴等目标，建设富强民主文明和谐美丽的社会主义现代化强国的国家命运产生重大而深远的影响。

（二）高瞻课程模式对于推动幼儿园课程改革具有积极作用

"高瞻"的英文由两个英文单词——High 和 Scope——组成，前一个词指高度的热情（high aspirations），后一个词指广泛的兴趣（a broad scope of interest），即让儿童具有高度的热情和广泛的兴趣。同时，必须指出的是，高瞻课程模式的含义绝不仅于此。高瞻课程模式是儿童主动学习、在活动中学习、在获取关键经验中学习等世界主流学前教育理念的倡导者和践行者，有独到的且有影响力的课程价值取向、课程框架、课程方法、课程组织形式和课程评价体系，理性光辉和实践智慧相辅相成，儿童发展与教师发展交相辉映，实践性课程、反思型教师和发展性评价三位一体。可以说，尽管高瞻课程模式仍处在发展过程之中，仍存在这样那样的不足和可以商榷的问题，但没有任何人可以否认，它是经历了时间和空间检验的优秀幼儿园课程模式，在世界主流幼儿园课程模式的舞台上占据重要地位。

《中共中央 国务院关于学前教育深化改革规范发展的若干意见》针对学前教育教师队伍建设滞后、监管体制机制不健全和保教质量有待提高等问题，提出了大力加强幼儿园教师队伍建设、完善监管体系和提高幼儿园保教质量等任务要求与具体措施。《幼儿园保育教育质量评估指南》指出了要聚焦幼儿园保育教育过程质量，坚持科学评估和以评促建，促进学前教育高质量发展。由此，在重视学前教育师资队伍建设、重视幼儿园保育教育过程质量、重视幼儿园保育教育质量评估、助推学前教育高质量发展、办好人民满意教育的现实背景下，源于美国弱势儿童教育和公立学前教育的优质幼儿园课程模式——高瞻课程模式——有着可以为我国学前教育事业发展，特别是幼儿园课程改革与幼儿园教师教育改革提供参考和借鉴的重要价值。学前教育如何才能真正成为公共产品或准公共产品？幼儿园教师如何才能不再进行"填鸭式"的直接授受，而真正帮助儿童学会主动学习和探究学习？幼儿园教师如何才能不再进行"分科式"的"传道、授业和解惑"，而是从学习品质、思维方式、关键经验等方面着手组织一日活动？幼儿园教师如何才能不再让儿童仅仅进行读写算方面的入学准备，而是引导并支持儿童对自然和社会具有高度的热情和广泛的兴趣？幼儿园如何才能走出"掠夺式开发儿童大脑"的知识导向误区，成为尊重生命并帮助儿童实现快乐生活、健康成长的可持续发展的另一个家园？确实，幼儿园活动室成为像中小学一样的教室，还是成为回归幼儿园本源的儿童乐园，这是一个与今日学前教育改革和发展的价值取向，特别是幼儿园课程改革和发展的价值取向密切相关的严峻问题。我们希望，高瞻课程模式可以为我们思考上述一系列问题提供线索和启示。

目前，高瞻教育研究基金会（The HighScope Educational Research Foundation）

在加拿大、英国、印度尼西亚、爱尔兰、墨西哥、新加坡、荷兰、韩国、南非和智利等国家均设立了全国性的高瞻课程模式教师培训中心。高瞻课程模式中幼儿园教师实践的书籍和评价工具也已经被翻译成中文、阿拉伯语、荷兰语、法语、韩语、挪威语、葡萄牙语、西班牙语和土耳其语等多种语言。同时，随着全球化时代文化教育的跨国传播越来越多，高瞻课程模式也被越来越多的国家和地区广泛采用，并产生快速直接的或潜移默化的影响。希望我们对高瞻课程模式的解读，特别是对高瞻课程模式价值、内容、方法、组织形式、评价体系和教师发展策略的解读，能够为我国学前教育工作者思考新时期中国学前教育价值取向、幼儿园课程建构和幼儿园教师专业发展等有关学前教育事业发展的重大理论和实践问题有所帮助。

二、高瞻课程模式与本译丛的基本结构

基于对高瞻课程模式重要意义的认识，我们组织翻译了高瞻课程模式的系列著作。目前该丛书共包括14本，分为3辑。第一辑主要包括：①《学前教育中的主动学习精要——认识高瞻课程模式（第2版）》(*Essentials of Active Learning in Preschool*：*Getting to Know The HighScope Curriculum*，Second Edition)；②《你不能参加我的生日聚会——学前儿童的冲突解决（第2版）》(*You can't Come to My Birthday Party!Conflict Resolution with Young Children*，Second Edition)；③《我比你大，我五岁——学前儿童数学能力的发展》(*I'm Older Than You. I'm Five! Math in the Preschool Classroom*)；第二辑主要包括：④《高瞻学前课程模式》(*The HighScope Preschool Curriculum*)；⑤《学习品质：关键发展指标与支持性教学策略》(*Approaches to Learning*)；⑥《社会性和情感发展：关键发展指标与支持性教学策略》(*Social and Emotional Development*)；⑦《身体发展和健康：关键发展指标与支持性教学策略》(*Physical Development and Health*)；⑧《语言、读写和交流：关键发展指标与支持性教学策略》(*Language, Literacy, and Communication*)；⑨《数学：关键发展指标与支持性教学策略》(*Mathematics*)；⑩《创造性艺术：关键发展指标与支持性教学策略》(*Creative Arts*)；⑪《科学和技术：关键发展指标与支持

性教学策略》(*Science and Technology*);⑫《社会学习:关键发展指标与支持性教学策略》(*Social Studies*)。第三辑主要包括:⑬《学前儿童观察评价系统》(*Preschool Child Observation Record*,*COR Advantage*);⑭《学前教育机构质量评价系统》(*Preschool Program Quality Assessment*,*PQA*)。

我们希望通过对高瞻课程模式中影响较大的十几本著作的介绍,让大家更为深入地了解高瞻课程模式,特别是更为细致地了解:①高瞻课程模式的价值取向和基本框架;②高瞻课程模式中的教师角色;③高瞻课程模式中儿童各领域的关键发展指标及支持性教学策略;④高瞻课程模式中的儿童观察和机构质量评价。同时,我们希望帮助大家在较为准确地把握高瞻课程模式的基本要素和框架结构的基础上,借鉴他人经验,创造出适合我国国情的学前教育课程模式。

◇ **第一辑**

1.《学前教育中的主动学习精要——认识高瞻课程模式(第2版)》

《学前教育中的主动学习精要——认识高瞻课程模式(第2版)》系统反映了高瞻课程模式理论与实践的最新进展。该书以主动学习为基本线索,主要介绍了高瞻课程模式的4个基本要素:教学实践、课程内容、评价系统以及员工培训模式。在教学实践部分,该书详细介绍了高瞻课程模式的实践者在帮助儿童进行主动参与式学习时所使用的主要方法,包括成人—幼儿互动、室内外学习环境的创设、一日生活流程的建立、家园合作以及教师之间的有效沟通与合作策略等。在课程内容部分,该书详细介绍了高瞻课程模式的八大内容领域(包括学习品质,社会性和情感发展,身体发展和健康,语言、读写和交流,数学,创造性艺术,科学和技术,社会学习)、八大内容领域的关键发展指标和达成这些指标的方法和策略。在评价系统部分,该书详细介绍了高瞻课程模式中儿童评价工具和机构质量评价工具。在员工培训模式部分,该书阐释了如何将主动参与式学习原则应用到成人即员工培训之中,并特别介绍了高瞻课程模式的培训内容,以及保证培训质量的认证过程。

2.《你不能参加我的生日聚会——学前儿童的冲突解决(第2版)》

《你不能参加我的生日聚会——学前儿童的冲突解决(第2版)》一书主要

介绍了应对儿童冲突的问题解决方式，书中运用大量案例帮助幼儿教育工作者和家长具体理解调解冲突的基本步骤。该书在对学前教育和冲突调解领域诸多方法进行整合的基础上形成了"问题解决六步法"，并对这一方法进行了较为详细的阐释，即：①冷静地接近儿童并阻止任何可能的伤害性行为；②认可并理解儿童的感受；③收集与冲突问题相关的信息；④重述并解析引发冲突的问题；⑤和冲突各方儿童共同寻找解决冲突的方法，并共同选择一种方法；⑥做好准备，给予问题解决的后续支持。作者在每一部分的写作中都融入了具体的案例，对学前儿童冲突解决的论述分析深刻、通俗易懂又易于操作。

3.《我比你大，我五岁——学前儿童数学能力的发展》

《我比你大，我五岁——学前儿童数学能力的发展》一书旨在使教师和学前儿童能够享受在数学世界中探索与发现的乐趣，并学习如何促进高瞻课程模式中五大数学关键经验——分类、排序、数字、空间和时间的发展。该书首先从整体上介绍了数学领域所包含的教学策略，即布置学习环境、计划每日日常活动、与儿童互动和评估儿童五大数学关键经验的发展；其次介绍了教师应如何逐步指导儿童进行数学学习，包括：开始——如何向儿童介绍某个数学活动；过程——如何在活动中扩展儿童对数学概念的探索；变式——在活动开展中其他可以使用的材料或方法；结束——如何将一个活动带入尾声；后续——在活动结束后的日子里，儿童如何继续在该数学领域学习。同时，该书还详细列举了学前儿童的 50 个数学学习活动，实践工作者可以实施这些活动，并根据每节内容后的诸多变式和建议激发儿童对数学的兴趣，使儿童认识到数学在日常生活中的重要性。

◇ 第二辑

4.《高瞻学前课程模式》

《高瞻学前课程模式》一书讲述了高瞻课程模式的发展、核心原则和实践证明的有效性。该书首先提出主动参与式学习是儿童建构知识的主要方式，然后介绍了儿童主动参与式学习的成人支持（包括教师的支持和家庭的支持）策略，最后介绍了对儿童及课程的评价。在高瞻课程模式中，评价句括一系列任务，如观察、记录。书中还介绍了高瞻课程模式的学习环境、一日生活流程、计划—工作—回顾、大组活动时间、小组活动时间等课程核心要素。高瞻课程模式鼓励儿童在一个支持性的社会背景下学习与发展，在一日生活中表达、执行并回顾他们的计划。一整天，儿童追求自己的兴趣，用自己的方式来回答问题，并与他人分享想法。在真正对他们所说的和所做的事情感兴趣的成人的支持下，儿童能够构建自己对周围世界的理解，并获得控制感和个人满足感。在这个过程中，儿童的信任感，以及积极主动、好奇、睿智、独立、自信心和责任心等学习品质和生活态度逐步建立了起来。

5.《学习品质：关键发展指标与支持性教学策略》

学习品质是高瞻课程模式内容领域中的核心内容，因为儿童的学习品质塑造了他们在所有领域的教育经历。儿童在与他人、物体、事件和想法互动的过程中体现出独一无二的态度、习惯和偏好。拥有积极学习品质的儿童能够以豁达的心态面对挑战，这种品质将伴随他们进入学校，甚至贯穿一生。学前教育在塑造儿童的学习品质方面扮演了重要的角色。因此，教师提供个性化的经验就显得尤为重要。此外，发展儿童主动性，培养儿童自信、灵活、坚持不懈地解决问题的品质也很重要。该书介绍了学习品质的重要性、教师的一般性支持策略和具体关键发展指标（主动性、计划性、专注性、问题解决、资源利用和反思）的内容及支持策略。

6.《社会性和情感发展：关键发展指标与支持性教学策略》

社会性和情感发展是高瞻课程模式的一项重要内容。儿童如何看待自己以及与他人的联系是其整体学习和发展的一个关键组成部分，而且有研究表明，儿童对自己的感觉及与他人的相处会影响他们的身体发育和学业成就。教师在培养儿童形成对自己的积极态度，帮助儿童学会调节情绪，培养儿童解决社会问题的能力以及与他人合作并向他人学习的能力方面，发挥着重要作用。该书介绍了社会性和情感发展的重要性、教师的一般性支持策略和具体关键发展指标（自我认同、胜任感、情感、同理心、集体、建立关系、合作游戏、道德发展和冲突解决）的内容及支持策略。

7.《身体发展和健康：关键发展指标与支持性教学策略》

身体发展和健康是高瞻课程模式的一项重要内容。身体本身就会自然地成长和发育，但是要想完全发育成一个活跃的个体，儿童还需要设计课程的教师的有目的指导。若要支持儿童在这方面的学习，成人就要提供材料和经验，鼓励儿童调用大肌肉和小肌肉，为儿童提供机会进行自我照顾，并与儿童分享关于身体发展和健康的知识。通过一定的支持策略，儿童不仅能健康、茁壮地成长，而且能了解自己的身体，养成影响一生的良好习惯。该书介绍了身体发展和健康的重要性、教师的一般性支持策略和具体关键发展指标（大肌肉运动技能、小肌肉运动技能、身体意识、自我照顾和健康行为）的内容及支持策略。

8.《语言、读写和交流：关键发展指标与支持性教学策略》

语言、读写和交流是高瞻课程模式的重要组成部分。儿童是天生的沟通者。在成长的过程中，他们想要分享观点和聆听世界的热情是显而易见的，从婴儿时期发出的声音和做出的手势，到儿童日益提高的言语技能都能体现出这一点。儿童的语言和读写能力不是通过死记硬背来获得的，而是在社会关系语境和有意义的活动中发展的。知识通过手势、口头和书面交流来传播，因此这些技能对于儿童未来的学习能力至关重要。儿童在能够"通过阅读学习"之前，必须"学习如何阅读"。而幼儿园阶段为儿童日后读写能力的发展奠定了基础。该书介绍了语言、读写和交流的重要性、教师的一般性支持策略和具体关键发展指标（理解、表达、词汇、语音意识、字母知识、阅读、印刷品概念、图书知识、书写和英语语言学习）的内容及支持策略。

9.《数学：关键发展指标与支持性教学策略》

数学是高瞻课程模式教学内容的重要组成部分。学前儿童可以学数学吗？令人振奋的回答是："是的！"研究表明，儿童不仅是有能力的数学家，而且数学中所使用的思想也是其他领域学习的关键。早期数学包括"有多少"之类的提问（数量和运算）、探索形状（几何）、比较大小（测量）、探索模式（代数）和收集信息（数据分析）。成人通过提供材料和动手活动支持儿童的好奇心，让儿童数出一个积木塔的积木数量，用橡皮泥塑形，为洋娃娃找到合适尺码的连衣裙，用贝壳和橡子制作一个模式，弄清楚班级成员最喜欢的零食等。该书介绍了数学的重要性、教师的一般性支持策略和具体关键发展指标（数词和符号、点数、部分－整体关系、形状、空间意识、测量、单位、模式和数据分析）的内容及支持策略。

10.《创造性艺术：关键发展指标与支持性教学策略》

创造性艺术是高瞻课程模式教学内容的重要部分。创造性艺术包含视觉艺术、音乐、律动和假装游戏，在多种层面上吸引着儿童，并通过刺激儿童的智力和情感来帮助发展儿童的生理、知觉和社会技巧。当成人提供了一个儿童可以自由地表达自己的安全环境时，他们才会被激发运用多种艺术形式进行试验。正如儿童反映在自己的作品以及其他的作品上的那样，他们获得关于自己的信息并丰富了看待世界的视角。因为学前儿童正在迅速地形成心理表征能力，发展语言运用能力，并创造概念之间新的联系，所以他们拥有艺术欣赏能力。该书介绍了创造性艺术的重要性、教师的一般性支持策略和具体关键发展指标（视觉艺术、音乐、律动、假装游戏和艺术欣赏）的内容及支持策略。

11.《科学和技术：关键发展指标与支持性教学策略》

科学和技术是高瞻课程模式中教学内容的重要组成部分。儿童是天生的科学家。早期科学教育建立在儿童好奇心的基础上，并通过活动帮助他们理解这个世界是如何运转的。儿童的早期科学和技术学习基于科学探究的模式，这种模式包括提出问题、回答问题以及应用问题解决策略。当儿童提出和回答有关"怎么样""是什么"和"为什么"的问题时，当儿童重新思考期望发生和实际观察到的内容之间的差异时，当儿童使用材料并改变材料来解决问题时，他们便参与到了科学探究之中。学前儿童使用他们正在萌发的观察、交流、表征和推理能力来探索世界，并分享他们的发现。成人可以通过提供操作材料和感官体验活动，有目的地、有效地支持这一进程，从而基于儿童的发现，培养他们的心智习惯和科学思维能力。该书介绍了科学和技术的重要性、教师的一般性支持策略和具体关键发展指标（观察、分类、实验、预测、得出结论、交流想法、自然和物质世界以及工具和技术）的内容及支持策略。

12.《社会学习：关键发展指标与支持性教学策略》

社会学习是高瞻课程模式教学内容的重要内容之一。儿童如何认识自己并适应社会生活，教师做什么才可以帮助儿童成长为一个对社会有价值的人？社会学习不仅影响儿童的责任感，还影响他们适应社会的能力。随着儿童社会学习意识的增长，儿童逐渐建立起社会规则意识，学习社会文化习俗以及与他人沟通交流的方法和策略。儿童开始逐渐了解他人是如何生存，在哪里生活，如何适应这个社会的。该书介绍了社会学习的重要性、教师的一般性支持策略和具体关键发展指标（多样性、社会角色、决策、地理、历史、生态）的内容及支持策略。

◇ 第三辑

13.《学前儿童观察评价系统》

《学前儿童观察评价系统》是高瞻课程模式的最新儿童观察评价工具，具有发展适宜性、高信度、高效度等特点。它包括 8 个领域的内容：学习品质，社会性和情感发展，身体发展和健康，语言、读写和交流，数学，创造性艺术，科学和技术，社会学习。另外还有一个英语语言学习领域（针对母语非英语的儿童）。这些领域的评价条目与学前儿童关键发展指标相呼应，共计 36 个。

该书介绍了上述每个领域的评价方法，提供了 8 个连续发展的水平层级。该系统可供评价不同发展水平的儿童，既可以评价有特殊需求的儿童，也可以评价在一些领域发展较快的儿童。为了帮助观察者能可靠而妥当地使用这一系统，书中对每个领域、每个条目、每个发展水平都有简短的说明。每个方法栈水平均有两个逸事记录案例，用以对儿童的行为进行解释，因此它是具有实操性的儿童评价系统。

14.《学前教育机构质量评价系统》

这是一个用来评价学前教育机构质量、确认员工培训需求的评价工具，由高瞻教育研究基金会开发，适用于所有学前教育机构。该系统可以识别有效促进儿童发展、鼓励家庭和社区参与以及为员工创造一个支持性的工作环境的结构性特征和动态关系。

该系统从班级和机构两个层面考查质量，其中班级层面条目侧重于考查教师日常教学工作的质量，包括学习环境、一日生活流程、师幼互动、课程计划和评价。评价者主要通过观察真实的课堂活动、访谈教师等获得评价信息。机构层面条目侧重于考查整个学前教育机构的质量，包括家长参与和家庭服务、员工资质和员工发展、机构管理。评价者主要访谈主管、教师和家长等相关人员获得评价信息。它是一套较为完备的学前教育机构质量评价系统。

三、高瞻课程模式的主要经验

高瞻课程模式效果惊人，长达40多年的追踪研究证实了该课程方案的有效性和优质性，这使得高瞻教育研究基金会满怀信心地在全美乃至全球推广其课程方案。正如戴维·韦卡特（David Weikart）本人所宣称的，高瞻课程模式面对众多挑战都是有所准备的，因为高瞻课程模式：①有着一个具有内在一致性的理论基础；②被多年研究证明是有效的；③能在广泛的范围内应用；④在不同实践条件下的实践工作者都能够清晰地说明这个课程模式；⑤有着一个有效的教师培训系统，可以支持该课程模式在全球范围内的复制；⑥有着一个广泛定义儿童学习结果的评价系统。对于我们今天的幼儿园课程改革来说，高瞻课程模式可供借鉴的经验可能主要表现在以下两大方面。

（一）建构关注"公民—能力—技术—过程—进阶—持续"的综合育人课程体系

1. 重视公民教育，以培养国家公民为社会学习的落点

社会学习涉及儿童对社会规范和习俗等的认识，以及与他人互动交往的技能，儿童经由社会学习成为集体的一员。高瞻社会学习领域包括6个关键发展指标，分别是多样性、社会角色、做出决策、地理、历史和生态。"多样性"是指"儿童理解人们有不同的特征、兴趣和能力"，即帮助儿童理解与适应社会的多样性。"社会角色"是指"儿童了解人们在社会中具有不同角色和作用"，即帮助儿童了解社会成员的构成及不同社会成员承担的责任，发展角色之间初级的互惠关系。"做出决策"是指"儿童参与做出班级决策"，即引导儿童成为集体中的一员并自主参与讨论、发表观点并解决问题。"地理"是指"儿童识别和解释其所处环境的特征与地理位置"，即引导儿童探索周围的地理环境，熟悉位置，了解生活环境的特征及其对人类生活的影响。"历史"是指"儿童理解过

去、现在和未来"，即帮助儿童利用逻辑来理解个体的时间与社会的时间。"生态"是指"儿童理解保护其所处环境的重要性"，即指向引导儿童发展对自然的热爱，进而成为地球的保护者，建立良好的人与自然的关系。

高瞻课程模式中社会学习发展指标指向公民素养的培养，儿童关于社会学习的知识获得，建立在与不同的人（拥有不同背景、兴趣和技能的教师和同龄人）、广泛的材料（假装道具、书）、日常和特殊活动（实地旅行、庆祝活动、小组决策、分担对教室娱乐空间的责任）互动的基础之上。首先，从儿童个体层面来说，社会学习有助于培养儿童形成关于社会、正义、民主的基本观念，发展作为公民的民主品格基本特质。其次，从儿童与他人的关系层面来说，社会学习培养儿童作为集体成员参与社会公众生活，通过观察与体验群体行为获得社会学习的知识与技能，与家庭、社会中的人建立联系，了解与接纳人在背景、能力、外观等方面的多样性，理解社会生活中不同的角色及角色间的关系，形成集体认同感，尊重集体成员，并形成自己解决问题的看法与观点，从而发展作为公民在民主参与上的基本特质。最后，从儿童与社会和自然的关系层面来说，社会学习培养儿童理解社会的历史变迁，理解人与周围环境及更大的自然环境之间的关系，具备作为公民在国家与民族认同和社会责任上的基本特质。

高瞻课程模式社会学习领域以培养国家公民为落点，包括 6 项特定的学习内容，遵循从简单到复杂、从关注自己到关注社会中的关系的发展过程，通过帮助儿童构建社会理解和行为的一般原则，认识到个人行为可以对世界产生积极影响等支持策略，帮助儿童融入集体，与他人互动。

2. 秉持主动学习理念，凸显学习品质的涵养

儿童的主动学习是高瞻课程模式的灵魂与支柱。高瞻课程模式一直呼吁并秉持儿童主动学习理念，帮助儿童发展关键经验，并将学习品质领域单独列出，放在儿童关键发展指标的首位，足见其对涵养儿童学习品质的重视。高瞻学习品质领域共包含主动性、计划性、专注性、问题解决、资源利用与反思 6 项关键发展指标，均为儿童毕生受益的良好品质。在高瞻课程模式的实施过程中，教师试图用主动学习这把钥匙帮助儿童开启提升学习能力与涵养学习品质的大门。

高瞻课程模式指出儿童主动学习的发生条件主要包括 5 个要素，即材料、操作、选择、儿童的语言和思维、成人的鹰架。这 5 个要素均体现了对学习品质的涵养。要素一,材料。高瞻课程模式强调幼儿园应该为儿童提供充足、多样化且适宜的开放性操作材料,并结合高、低结构的材料满足儿童的需要,操作材料不仅能够激发儿童的好奇心和求知欲,还能调动儿童多感官的参与,使其对活动产生高度的热情与广泛的兴趣,从而发展主动性学习品质。要素二,操作。高瞻课程模式强调应关注儿童对材料的直接操作与感知。儿童在摆弄操作材料时会建构相关的知识与经验,不断发现新玩法,不断激发儿童新的操作与探索。马里奥·希森博士(Marilou Hyson)指出,活动中的成功体验、由操作和学习产生的愉悦情绪,会很大程度上影响儿童的学习情感和态度,使儿童能够投入到操作活动中,其专注性、问题解决等学习品质也会得到相应的涵养。要素三,选择。高瞻课程模式强调儿童有选择感兴趣的活动、材料与伙伴的权利,他们可以根据自己的兴趣与需要去调整计划与活动。要素四,儿童的语言与思维。儿童在学习过程中使用语言或非语言的形式进行交流,表达自己的思想与情绪,解决活动过程中存在的问题,对自己的活动过程进行回顾与反思。儿童行为的变化与调节反映了其语言与思维的发展,在此过程中儿童的学习能力得到发展,问题解决与反思等学习品质也能够得到一定的涵养。要素五,成人的鹰架。高瞻课程模式强调教师可以在充分了解儿童现有水平的基础上,综合考虑支持儿童主动学习的五大要素,尊重、鼓励并引导儿童向更高水平发展,让儿童能够主动尝试,不断建构有意义的新经验,进一步发展儿童的学习能力,涵养儿童的学习品质。

计划—工作—回顾是高瞻课程模式中重要且不可或缺的内容。这 3 个环节彼此衔接、环环相扣,构成活动与教学的基本组织形式,贯穿于幼儿园的一日生活中,使儿童在活动中能够逐渐成为活动的"主人",自信心与自我效能感不断提升。儿童的学习由此成为一个可控且可预测的过程,成为主动学习和涵养学习品质的保障机制。其中,计划环节旨在给儿童一个表达他们想法和意愿的机会,培养儿童的主动性和进取心。儿童通过与教师的交流并在教师的支持下对自己的活动进行规划,当儿童真正能够将自己的想法和计划付诸实践时,其主动性与计划性的学习品质便得到了提升,社会性和思维也获得了发展。工作环节旨在给儿童提供一个将自己的计划付诸实践的环境，培养儿童的主动学习能力。儿童充分利用周围的材料，不断对新的想法进行尝试与验证，在此过程中，主动性、专注性、问题解决及资源利用等学习品质得到进一步涵养，多元环境也能促进儿童的全面发展。回顾环节是儿童与教师、同伴一起对"工作"过程进行回忆与分享。在此过程中儿童的学习品质得到进一步发展。

高瞻课程模式不仅秉持主动学习理念，而且还将主动学习真正操作化，通过丰富的教师支持策略及案例的呈现，展现教师具体的支持儿童主动学习的方法，让儿童的学习能真正从被动性接受转变为主动性学习。教师在遵循高瞻课程模式"三步走"的基础上，重视"五要素"及其在活动开展过程中的协同作用，围绕儿童关键发展指标，引导儿童获得良好体验，做主动的学习者，不断提升学习能力，并使学习品质得到充分涵养，最终使儿童能够达到愿意学习、乐于学习并善于学习的状态。

3. 关注科学方法和技术工具，推动科学技术的整合

科学和技术几乎渗透在现代生活的方方面面，是应对人类当前和未来许多最紧迫挑战的关键。美国一直将科学教育视为培养创造性人才、保持国际竞争力的关键教育领域，并不断审视时代发展需求和国际竞争环境，对科学教育提出新的要求。针对当前科学教育存在的广而不深（a mile wide and an inch deep）、难以帮助学生在"有限"的时间里应对"无限"的自然科学知识的弊端，美国明确了科学教育应该以少数"大概念"（big idea）为抓手的科学教育理念，旨在通过帮助学生建构起对"大概念"的深入理解来整合科学知识，进而达成对学生良好科学素养的培养。高瞻课程模式在学前教育阶段中有力落实了科学知识"整合"的这一要求，主要体现在 3 个方面。

第一，高瞻课程模式肯定了儿童强大的科学认知和学习能力，肯定儿童天生就有好奇心，天生就有解释和应对世界的科学和数学技能。高瞻课程模式认为，儿童能够通过游戏整合学习科学、技术、工程和数学（STEM）概念；能够通过探索、实验、发明、设计和测试解决方案，形成关于世界如何运作的想法，有能力进行实验，收集数据，并得出结论；能够在科学探究中发现自然世界和掌握科学探究的技能，不断构建起对整个科学和技术世界的完整认识。第二，高瞻课程模式构建了完整的学前科学教育内容体系，明确了那些能够帮助儿童整合认知科学世界的科学教育内容，即科学和技术领域的关键发展指标，如关键发展指标"自然和物质世界"中的种种科学大概念——自然和物质世界的特性与变化过程（动物和植物的特性、坡道与岩石的特性、生长与死亡的过程、结冰和融化的过程）、自然世界变化、因果关系、对人类生活有意义的循环过程等。这些科学内容不指向任何零散的、需要记忆的事实性知识，而是指向科学知识与儿童生活、人类发展间的意义联系，儿童无法通过死记硬背的方式理解这些科学内容（例如因果关系、循环过程），只能不断感受和体验这些科学大概念下广泛的相关经验（例如在观察探究动植物完整的生长历程中感受生长和死亡的过程）。高瞻课程模式所确定的这种强调"过程性体验"才能获得的大概念能够引导教师在实际教学中切实关注儿童的经验与体验，关注儿童对科学世界的整体性感知和理解，防止科学教育走向强调记忆的"小学化"误区。第三，在科学教育的过程与方法上，高瞻课程模式强调环境的营造，引导儿童自主地进行科学探究。高瞻课程模式认为，儿童自身的主动探究才是其科学学习的主体方式。成人并不需要通过劝诫去吸引儿童参与科学探究，因为自然存在的物体和科学现象能自然而然地吸引儿童。成人的主要任务不在于向儿童灌输零散的科学常识，而是通过提供一个吸引人的、包含科学探究各种条件要素的环境支持儿童的科学游戏和科学探究，支持儿童在这种环境中探索、构建和提问。高质量的科学学习环境能够支持儿童在探究、观察、提问、形成假设、调查、收集数据、得出结论的过程中不断增强对科学的好奇心和求知欲，不断展开新的科学探究尝试。

高瞻课程模式关注科学方法和技术工具以了解世界并推动科学技术的整合，聚焦于科学和技术领域的观察、分类、实验、预测、得出结论、交流想法、自然和物质世界、工具和技术8条关键发展指标，将科学探究的内容、过程与方法整合起来支架儿童的科学探究，儿童在探究中不仅自然而然地认识和掌握了科学探究的内容、过程、方法、工具等，还提升了科学探究能力，同时体验到科学方法、工具和技术在人类认识科学世界中发挥的巨大作用，进一步萌发了科学探究的热情和兴趣。

4. 重视教育过程并实现过程要素化和要素策略化

高瞻课程模式的教学实践呈现了课程模式的实践者为儿童提供主动参与式学习经验时所经历的过程和所使用的方法策略，由师幼互动、学习环境创设、一日生活流程、与家长合作、教职工合作 5 部分组成。需要指出的是，高瞻课程模式的教学实践所关注的 5 个部分正是幼儿园教育中的过程部分，从有意图的环境创设，到相对稳定的一日生活流程，到师幼互动，再到家庭与教职工的支持，完整呈现了儿童在幼儿园中的一日生活流程及发展进程，是对教育过程的高度重视。

教学实践，尤其是教学实践中的师幼互动、学习环境创设、一日生活流程、与家长合作、教职工合作的每个部分都包含着更加细化、可操作的基本要素和基于要素的具体策略。第一，师幼互动关注支持性互动关系的建立，分享控制是师幼互动的核心。学习不是成人向儿童提供信息，而是分享控制的过程，儿童在过程中与人、物、事件和想法直接互动。支持性互动关系的基本要素包括和儿童分享控制、关注儿童的优点、和儿童建立真实的关系、支持儿童游戏、鼓励而不是表扬儿童、采用问题解决法解决冲突，每个要素之下分别呈现了具体的教学策略。例如，"和儿童分享控制"这一要素之下的一个教学策略是"应儿童的要求参与活动，即教师按照儿童的提示进行游戏和交流"。第二，学习环境创设探讨幼儿园室内外空间如何考虑儿童的发展需要，并为儿童创设积极的学习环境。学习环境创设的基本要素包括设置学习环境、选择设备和材料，每个要素之下分别呈现了具体的教学策略。例如，"选择设备和材料"这一要素之下的一个教学策略是"材料多样、开放且充足"，因为儿童的兴趣各异，需要各种各样的材料来进行游戏与学习。第三，计划—工作—回顾是一日生活流程的核心，也是高瞻课程模式的另一个标志。一日生活流程的基本要素包括计划时间、工作时间、回顾时间、集体活动时间，每个要素之下分别呈现了具体的教学策略。例如，"计划时间"这一要素之下的一个教学策略是"鼓励儿童交流想法、选择和决定"。第四，家庭是儿童学习的第一个也是最重要的来源，与家长合作重在促进家庭参与。促进家庭参与的基本要素包括审视自己的家庭背景、信仰以及态度，了解儿童及其家庭的传统，与家长分享儿童的在园情况，让家长对儿童拥有较高的期望，每个要素之下分别呈现了具体的教学策略。例如，"了解儿童及其家庭的传统"这一要素之下的一个教学策略是"主动与家长接触"。第五，教职工合作关注的是教职工之间的协作，以更有效地促进儿童的发展。教职工协作的基本要素包括建立团队、收集儿童的信息、制订每日团队计划、员工支持和管理策略，每个要素之下分别呈现了具体的教学策略。例如，"制订每日团队计划"这一要素之下的一个教学策略是"利用团队中每个人的长处"。

高瞻课程模式重视教育过程并实现过程的要素化和要素的策略化，聚焦教育过程中的师幼互动、学习环境创设、一日生活流程、与家长合作、教职工合作5个方面，并对每个方面匹配了相应的支持策略，以此支架儿童的发展，引领教师的行动，鼓励家庭的参与，在过程中实现家园社协同育人。

5.重视鹰架策略并实现鹰架系统化和策略进阶化

高瞻课程模式以主动学习为基本理念，其中成人鹰架是主动参与式学习的5个要素之一。成人鹰架是指成人支持并适当拓展儿童当前的思维和理解水平，帮助儿童获得知识，发展创造性地解决问题的技能。需要指出的是，高瞻课程模式对于鹰架策略的认识并没有停留在基本理念上，而是将鹰架策略落实在教学实践、教学内容、发展评价与教师专业发展全过程之中，真正运用基本理念引领整个课程模式，凸显对鹰架策略的重视，实现鹰架策略的系统化和进阶化。

鹰架策略，尤其是涉及教学内容的鹰架策略，是由一般支持策略、具体支持策略和持续支持策略构成的不断进阶的策略系统。一般支持策略只指向某一学习领域，用于鹰架儿童某领域的学习，具有一般意义和普遍适用性。例如，"建立一日生活流程，允许儿童表达多种学习风格与偏好"是促进儿童"学习品质"领域发展的一般支持策略。具体支持策略不仅指向某一学习领域，而且指向该领域的某一关键发展指标，用于鹰架儿童某领域中的某一关键发展指标的学习，具有专门性和针对性。例如，"在全天活动中提供有意图地进行选择的机会"是"学习品质"领域之下的关键发展指标"计划性"的具体支持策略。持续支持策略不仅指向某一学习领域和该领域的某一关键发展指标，而且指向关键发展指标的不同水平，用于鹰架儿童的持续发展，由于最初的水平不同，持续支持策略往往以鹰架策略表的形式呈现，是一套基于连续发展水平的连续支架策略，具有操作性和进阶性。

高瞻课程模式重视鹰架策略并实现鹰架策略的系统化和进阶化，形成了由一般性的支持策略、具体性的支持策略和持续性的支持策略组成的具有普适性、针对性和操作性的系统化、进阶化策略体系。

6. 重视教师岗位胜任力并将主动参与式学习贯穿培训始终

高瞻课程模式从 20 世纪 60 年代以来就一直致力于培训教师，从 80 年代开始培训教师培训者。高瞻课程模式在持续的研究中认识到，最好的专业准备能够鼓励教师反思学到了什么以及如何将所学运用到工作中。反思的目的在于发现如何将学到的东西转化成实践，只有当教师参加的课程或培训是专门针对儿童发展、学前教育课程和评价以及学前教育教学实践时，培训才是最有效的。同时，高瞻课程模式不仅促进儿童的主动学习，也促进成人的主动学习，成人不仅要懂得课程是什么、为了什么，更需要懂得怎样进行教学实践。

高瞻课程模式鼓励教师参加关于儿童发展、教学实践和评价的培训，在学习时发挥能动性，将学到的东西与自身工作和家庭生活联系起来。第一，在提升教师的岗位胜任力方面，高瞻课程模式为参训教师提供文本资料、视听材料、学习指导和评价工具，参训教师通过工作坊、实践、作业、现场访问等方式掌握高瞻课程模式的应用性知识。线下和线上的工作坊包括学习理论、实践和评价，包含大量的分享和反思的机会；实践有助于参训教师应用他们学到的东西；作业有助于参训教师学习并内化高瞻课程模式的核心要素。教师会在现场获得及时的反馈与指导。第二，在成人主动学习方面，高瞻课程模式明确了培训中成人主动学习的五大原则，分别是内容整合、适合成人学习、显性课程、分散学习和跟进机制。内容整合关注的是培训主题依据逻辑顺序建构，是知识、技能的系统化呈现，有助于建立一套有关儿童发展和教学实践的整体框架；适合成人学习关注的是发挥参训教师的主观能动性，基于培训主题为成人开展"做中学"工作坊；显性课程关注的是课程有以书面形式呈现的课程理念、儿童发展理论以及促进和评价儿童学习的教学策略；分散学习关注的是适宜的时间跨度，确保参训教师可以试验新学的东西，观察什么有用，什么没用，并将成功的经验和遇到的问题带到小组中讨论；跟进机制关注的是及时的现场反馈与指导和培训结束之后形成的内部"传帮带"团队。

高瞻课程模式重视教师岗位胜任力并将主动参与式学习贯穿培训始终，要求教师不仅要懂得课程是什么、为了什么，更需要懂得怎样进行教学实践，通过工作坊、实践、作业、现场访问等方式提升教师的理论能力、教学实践能力和反思能力，促进教师岗位胜任力的全方位提高。

（二）建构基于"目标—条件—过程—内容—评价—教师"的可持续发展课程体系

1.以支持儿童学会主动学习为基本价值取向和主要教育目标

科学研究表明，在整个生命周期里，大脑有不断改变、形成新连接的能力（被称为"可塑性"）。因此，在人的一生中，主动学习都发挥着至关重要的作用。儿童不断"建造"或是"构建"他们的知识世界，他们通过自己对人、物、事及观念的直接探究，了解世界是如何运作的。因此，高瞻课程模式基于科学家、心理学家及教育学家对儿童发展的理论研究，提出"主动学习"这一理念。在高瞻课程模式中，主动学习被定义为儿童通过直接操作物体，在与成人、同伴、观点以及事件的互动中，建构新的理解的学习过程。也就是说，在高瞻课程模式开发者眼中，没有人能够代替儿童获得经验或建构知识，儿童必须通过自己的主动学习获取经验并建构知识。高瞻课程模式最重要的教育目标就是通过促进儿童主动学习，促进儿童发展自我意识、社会责任感、独立意识与独立性、好奇心，以及决策、合作、坚持、创新和问题解决能力。

高瞻课程模式并没有将主动学习停留在空泛的理念和概念表述上，也没有停留在静态的目标和要素呈现上，而是把主动学习理念具化为"主动学习轮"，并进行了操作化的执行和表现，同时提供了保证主动学习轮有效运转的必要条件——主动学习五要素，即材料、操作、选择、儿童的语言和思维、成人鹰架。

在学习轮中，主动学习位于中心位置，可见高瞻课程模式强调儿童主动性的重要性以及对关键发展指标教育内容的全面重视。围绕培养儿童主动学习这一中心的4个扇形则代表教师在与儿童互动时的四大职责，包括参与支持性的师幼互动、创设有挑战性的学习环境、建立稳定的一日生活流程以及开展持续性评估用来做计划以及满足儿童的需求。

总之，高瞻课程模式以支持儿童主动学习为基本价值取向与主要教育目标，为了促进儿童主动学习，教师应重视支持性师幼互动、挑战性区域环境、稳定的一日生活流程以及持续评估与计划。具体来说，教师应精心提供适宜的材料、计划活动并与儿童交谈，开展由儿童发起的——建立在儿童自发的好奇心之上——又是发展适宜性的，即与儿童目前的、即将出现的能力相适应的活动，为儿童提供选择的空间与机会，引导儿童讲述自己的经历，并一步一步支持儿童实现主动学习。

2. 以为儿童提供支持性的学习环境为基本资源依托和主要教育条件

创设支持性的学习环境是高瞻课程模式支架儿童主动学习与发展的资源依托和主要教育条件。高瞻课程模式认为，适宜的学习环境对儿童身体、智力、情感、社会性等多个方面的发展都有重要作用。传统的早期教育课程方案虽然也意识到环境创设对儿童发展的重要性，但往往会走向两种极端——放任主义氛围和指导性氛围。在放任主义氛围中，班里基本没有什么结构或一日生活流程，缺少目的性和引导性，容易让儿童的学习变得浅表和低效；在指导性或成人控制的氛围中，教师告诉儿童做什么和什么时候做，具体的学习技巧和概念的教学备受重视，这种学习氛围虽然肯定了教师引导对儿童发展的促进作用，但忽视了儿童的主体性和能动性，容易走向"知识化"和"小学化"误区。高瞻课程模式所倡导的支持性学习氛围有效平衡了以上两种极端的环境创设模式，在这种支持性的学习环境中，教师和儿童分享控制整个学习过程；教师在儿童探索时所需要的自由与为安全做出的限制之间达成一种平衡；教师提供的材料和经验既建立在儿童的兴趣之上，又可以促进其学习；儿童与儿童之间、儿童与材料之间、儿童与教师之间持续发生着积极的互动，鼓励儿童自由地学习和探索，在各个领域都取得进步和发展。

高瞻课程模式依照儿童的兴趣将儿童学习和活动的空间划分为不同的区域，包括积木区、娃娃家、艺术区、玩具区、读写区、沙水区、木工区、律动和音乐区以及户外区（因为数学和科学是探索各区域的材料，所以高瞻课程模式没有特设的数学和科学区）。在一日生活流程的计划环节，儿童可以自由选择区域开展活动。每个区域都有足够的活动空间并投置了丰富多样的材料，材料是充足的，以便多名儿童能够同时在某一特定区域进行游戏；材料是生活的，它们真实地反映了班上儿童在文化和语言上的多样性，显示教师对儿童家庭及其家庭生活的重视；材料是支架式的，儿童可以在区域中利用提供的材料，开展各种游戏、实验和探究活动，不断内化活动中体验的知识和经验。

总之，高瞻课程模式正是通过精心细致的支持性学习环境创设，最大限度地激发儿童的探索欲望和主动学习的热情，让儿童在环境潜移默化的影响下成长。

3. 以一日生活流程、计划—工作—回顾为基本实施思路和主要教育过程

高瞻课程模式以支持儿童学会主动学习为基本价值取向和主要教育目标，以一日生活流程、计划—工作—回顾为基本实施思路和主要教育过程。高瞻课程模式非常重视儿童自主性的发挥，鼓励儿童主动参与并计划、实施一日生活活动并进行反思与回顾。

高瞻课程模式为儿童的主动学习创设了具有连续性与灵活性的一日生活流程，主要包含以下环节：问候时间、计划时间、工作时间、清理时间、回顾时间、点心时间、小组活动时间、大组活动时间和户外活动时间。一般情况下，儿童的一日安排作息表都会张贴在儿童活动区域中较为醒目的位置，儿童能清楚了解到各环节的顺序和每个环节的时间长短。其中，各环节的顺序可以根据时间和课程设置结构进行灵活调整，而计划—工作—回顾的顺序不能颠倒。这个活动循环配合问候时间、小组活动时间、大组活动时间以及户外活动时间等共同构成了高瞻课程模式的一日生活流程，是儿童进行自我计划、自我实施和自我反思的过程，也被视为高瞻课程模式的"发动机"。在高瞻课程模式一日生活流程的安排与计划—工作—回顾过程之中，儿童可以在同一时间段中进行各种不同的活动与游戏，丰富的活动材料、充足的活动时间与多样化的分组活动方式也为儿童进行探究活动以及各种经验的获得提供了保障，儿童可以随时与教师、同伴就自己进行的"工作"进行交流并寻求帮助。

综上，高瞻课程模式以一日生活流程的安排与计划—工作—回顾的循环为其基本实施思路与主要教育过程，帮助儿童发展目标意识与主动学习的能力，并促使其真正成为活动的主动参与者与自我经验的建构者。

4. 以系列关键发展指标及其水平层级为基本进阶指引和主要教育内容

高瞻课程模式的教育内容被划分成相互独立、相互依赖的 8 个领域，并围绕着 8 个内容领域确定了 58 条关键发展指标。关键发展指标不仅包括知识，还包括知识的应用，是儿童发展各阶段中思维和推理的基石，是儿童持续发展的基本进阶指引，是儿童发展的"关键经验"，具有直接获得性、发展意义性、发展连续性和循证教育性的特点。第一，直接获得性代表高瞻课程模式主张为儿童提供直接操作的机会，让儿童通过与材料和他人互动得来"具体"经验，并逐渐形成抽象概念。高瞻课程模式的核心——儿童的主动学习，就是强调儿童通过直接操作物体，在与他人、物体、事件和想法的互动中建构新的理解的学习过程。第二，发展意义性代表"关键经验"，指向经验的基础性、稳定性，是儿童应该学习和了解的基本内容；指向经验的必要性、重要性，是儿童发展过程中必不可少的、必须学习和掌握的内容；指向经验的普适性，在世界不同国家、不同文化中，有着不同背景的儿童都会经历。第三，发展连续性是指儿童的学习遵循某种顺序，会从简单的知识、技能学习过渡到更为复杂的知识、技能学习，每种关键经验既会从过去的经验中吸纳某些东西，同时又以某种方式改变未来经验的性质，展现儿童学习与发展的连续性过程。第四，循证教育性是指教师认识到不同儿童发展不同，即使是同一名儿童在不同领域的发展也会有所不同，所以教师要观察儿童，以此为基础开展教育，同时在儿童沿着发展轨迹前进时逐渐扩展儿童的知识和思维，支持儿童获得在各学习领域的关键经验。这一持续的循环能够让儿童的学习过程看得见，也让教育的过程看得见。

总之，基于高瞻课程模式内容领域的关键发展指标及其水平层级指向儿童学习与发展中"关键"的"经验"，其直接获得性、发展意义性、发展连续性、循证教育性共同构成了关键经验的丰富内涵和特征。在此基础上，关键发展指标成了幼儿园教师组织活动的内容框架，成了教师观察和研究儿童的指标，以及基于这些指标改进和完善教育教学活动的依据，也成了提升幼儿园课程质量的核心。

5. 以儿童产生高度热情和广泛兴趣为基本评价框架和主要教育效益

高瞻课程模式中的"高瞻"关注的是让儿童具有高度的热情和广泛的兴趣，指向儿童的主动学习。同时，必须指出的是，高瞻课程模式的含义绝不仅限于此。高瞻课程模式是"主动学习""在活动中学习""在获取关键经验中学习""真实性评价"等世界主流学前教育理念的倡导者和践行者，有独到的且有影响力的课程价值取向、课程框架、课程方法、课程组织形式和课程评价体系。尤其是在评价体系方面，高瞻课程模式以儿童在活动过程中产生高度热情和广泛兴趣为基本评价框架和主要教育效益，形成了《学前儿童观察评价系统》和《学前教育机构质量评价系统》等评价工具。

高瞻课程模式通过针对儿童和机构的两套综合性的评价工具来检验和改进课程。其中《学前儿童观察评价系统》评价儿童各个内容领域的学习，在评价儿童发展的基础上为个别儿童或全班儿童制订活动计划，促进儿童进步；《学前教育机构质量评价系统》评价教师和机构是否实施了有效的课程，有哪些做得好的地方和应改进的地方。具体而言，第一，《学前儿童观察评价系统》从学习品质，社会性和情感发展，身体发展和健康，语言、读写和交流，数学，创造性艺术，科学和技术，社会学习8个领域（外加英语语言学习）来评价儿童的早期发展。这8+1的领域中所包含的36个评价项，涵盖了儿童早期发展中的关键经验。以儿童在活动过程中产生高度热情和广泛兴趣为基本评价框架和主要教育效益，主要体现在在所有领域中对儿童进行发展评价时，考察儿童是否获得了积极学习品质的涵养，是否在分享控制过程中通过与他人、物体、事件和想法直接互动获得各个领域的相关知识与技能，是否在主动学习要素的支架下学会了主动学习。第二，《学前教育机构质量评价系统》分为班级层面和机构层面，共包括7个领域63个评价项，其中，班级层面侧重于考察幼儿园教师日常教学工作的质量，包括学习环境、一日生活流程、师幼互动、课程计划和评估，评价者主要通过观察真实的课堂活动和访谈教师等，获得评价信息；机构层面条目侧重于考察整个学前教育机构的实施情况和质量，包括家庭参与和家庭服务、员工资质和员工发展、机构管理，评价者主要通过访谈学前教育机构管理者、教师、家长等相关人员，获得评价信息。以儿童在活动过程中产生高度热情和广泛兴趣为基本评价框架和主要教育效益，主要体现在教师是否支持儿童积极学习品质的涵养，是否在分享控制，是否为儿童创设了主动学习的环境，一日生活流程是否稳定并支持儿童主动学习与发展，机构或课程是否关注家园社育人的合力等。

综上，高瞻课程模式以儿童在活动过程中产生高度热情和广泛兴趣为基本评价框架和主要教育效益，是理性光辉和实践智慧的相辅相成，是儿童发展与教师发展的交相辉映，是儿童、教师、家庭和机构共同发展的相得益彰，是实践性课程、反思型教师和发展性评价的三位一体。

6. 以帮助教师通过主动学习胜任岗位和岗位进阶为基本启动范式和持续质量保障

研究表明，教师接受正规教育和专门培训的层次越高，就越有可能在课堂上使用合适的教学策略。经过适宜的教育和培训的教师能使用他们学到的东西去指导实践，做出对每名儿童以及整个班级最佳的决定。高瞻课程模式不仅重视促进儿童的主动学习，而且重视主动参与式学习对教师专业发展的价值，以帮助教师通过主动学习胜任专业岗位和持续岗位进阶为基本启动范式和持续质量保障。

主动学习是高瞻课程模式的基本理念，高瞻课程模式强调儿童的学习是主动参与式的，即儿童通过直接感知、实际操作和亲身体验来理解事物，与他人、物体、事件和想法互动，获得新的见解。为了培训教师，高瞻课程模式也同样采用了主动参与式学习法，即参与培训的教师不仅要阅读理论和开展研究，还要练习课堂中使用的各种教学策略，还要反思哪里做得对，哪里做得不对，与同事讨论学习经验。当参训教师学习及实施课程时，高瞻课程模式的认证培训师会对其提供反馈和支持。以帮助教师通过主动学习胜任专业岗位和持续岗位进阶为基本启动范式和持续质量保障，主要体现在高瞻课程模式特别注重教师的专业发展，鼓励教师在参与培训的过程中发挥主观能动性，制订计划，完成作业和应用活动，并对他们学到的东西进行反思。同时，为保证质量，高瞻教育研究基金会根据一系列严格的标准对教师和培训者以及机构进行认证，鼓励教师制订自己的持续性专业发展计划。如要成为高瞻认证教师，申请教师必须先注册，然后参加课程学习（或接受相当的培训）并完成全部作业，接着必须在《学前教育机构质量评价系统》班级层面的条目上获得高分，同时收集逸事并完成两篇观察记录，完成一系列计划表，记录和反思自己的实践。要成为高瞻认证培训师，申请教师必须同时完成高瞻课程学习（或接受相当的培训）和培训者培训，在课程实施和培训者培训方面的知识和技能符合认证要求，包括在课程中完成报告和作业，实施《学前儿童观察评价系统》和《学前教育机构质量评价系统》，开设工作坊，在培训现场对员工进行成功的指导和观察／反馈。要成为高瞻认证机构，机构所有骨干保教人员必须是高瞻认证教师，而且必须与一位高瞻认证培训师保持持续合作，同时机构必须在《学前教育机构质量评价系统》班级层面和机构层面的条目上获得高分。通过认证帮助教师规划自己的持续性专业发展之路，既是教师基于工作岗位的持续进阶发展，也是教师与机构的发展互惠。

综上，高瞻课程模式通过主动参与式学习培训和严格的认证方法，帮助教师胜任专业岗位和持续岗位进阶，进而为儿童发展、教师发展和机构／园所发展提供持续的质量保障。

四、借鉴高瞻课程模式经验与建构中国本土幼儿园课程模式

（一）借鉴的理论基础与思考：明晰我国幼儿园课程借鉴历程与本土化阶段重点

英国著名学者戴维·菲利普斯（David Phillips）就国际教育政策和教育实践借鉴提出教育借鉴理论和教育借鉴模型，旨在帮助人们更好地理解和解释教育借鉴的复杂过程，并不限定于教育政策领域。教育借鉴过程包括跨国吸引、决策、实施、内化或者本土化等4个阶段。其中，跨国吸引阶段主要用来解释一个国家会被另一个国家的教育政策和实践吸引的内在动力和外化潜力分别是什么；决策阶段主要解答的问题是外国教育产生的吸引力如何作用于本国的教育决策和实践；实施阶段的重点在于说明从别国借鉴而来的教育政策或实践是如何在本国施行的；内化或本土化阶段则指外来的政策或实践逐渐融为本土教育体制的一部分。可以说，我国幼儿园课程从无到有的百年历程就是一个向外

国不断借鉴的过程——从"以日为师"到"以美为师"到"以俄为师",再到新一轮的"以美为师"——而且都或完整或不完整地经历了跨国吸引、决策、实施、内化或者本土化这4个阶段。4个阶段中内化或本土化阶段一直是我国幼儿园课程关注和思考的重点。陈鹤琴先生曾针对20世纪二三十年代"中国幼儿教育美国化"问题,指出:当时中国所有的幼儿园,差不多都是美国式的。这并不是说美国化的东西是不应当用的,而是因为两国国情上的不同,不应当完全模仿。尽管在美国是很好的教材和教法,但是在我国采用起来到底有许多不妥当的地方。要晓得我们的小孩子不是美国的小孩子,我们的历史、我们的环境均与美国不同,我们的国情与美国的国情又是不一样的,所以他们视为好的东西,在我们用起来未必都是优良的。

特别是自20世纪80年代以来,我国幼儿园课程改革的历程更是一个西方幼儿园课程模式"你方唱罢我登场"的热闹局面,从蒙台梭利教育法,到瑞吉欧的方案教学,再到光谱方案和高瞻课程模式,这些课程模式都曾在中国产生影响并红极一时,而且无一例外,这些课程模式都在进入中国以后进行了本土化实践,同时也面临着本土化的困境。我们在经历跨国吸引并向外求索的过程中,获得了很多关于走向本土化的经验,也有不少教训。面对这种情况,运用教育借鉴理论理解高瞻课程模式成功经验的同时,我们必须继续高度关注和重视课程本土化阶段的重点问题,即如何借鉴高瞻课程模式的主要经验,特别是如何将高瞻课程模式的主要经验有效地融入创造我国本土化幼儿园课程模式和幼儿园教师培训模式的过程之中,并有效促进本土幼儿园课程模式和幼儿园教师培训模式的建构和发展。

(二)内化的时代背景与预期:时代之问和建构本土幼儿园课程与教师培训模式

党的十八大以来,国家高度重视发展教育事业,围绕培养什么人、怎样培养人、为谁培养人这一根本问题做了一系列的尝试、探索与努力,教育事业的中国特色更加鲜明,教育的国际影响力快速提升,人民群众在教育方面的获得感明显增强,人民的思想道德素质和科学文化素质全面提升。在此背景下,要将高瞻课程模式的有益经验有效地融入到我国本土化幼儿园课程模式与教师培训模式之中，就需要在明晰高瞻课程模式主要经验的基础上了解本土时代背景与预期，将高瞻课程模式的主要经验与中国新时代需求和国家教育事业发展预期相结合，以回答时代之问，实现时代预期，与时代同频共振。

　　培养什么人、为谁培养人，是教育的首要问题。因为我国是中国共产党领导的社会主义国家，这就决定了我们的教育必须把培养社会主义建设者和接班人作为根本任务，培养一代又一代拥护中国共产党领导和我国社会主义制度、立志为中国特色社会主义奋斗终身的有用人才，这是教育工作的根本任务与根本目标。为了实现这一目标，就需要在怎样培养人上下功夫，以"九个坚持"为基本原则，在坚定理想信念、厚植爱国主义情怀、加强品德修养、增长知识见识、培养奋斗精神、增强综合素质上下功夫，树立健康第一的教育理念，全面加强和改进学校美育，弘扬劳动精神。通过健全立德树人落实机制，扭转不科学的教育评价导向，从根本上解决教育评价指挥棒问题。这些是教育需要回答和解决的新时代问题，也是我国本土化幼儿园课程模式和幼儿园教师培训模式建构过程的核心追求，更是对本土核心价值观、本土教师教育观的明确与落地。

　　我们需要贯彻本土核心价值观以实现建构本土幼儿园课程模式的预期。经过 40 余年的改革开放，中国学前教育在借鉴和探索中已经彻底改变了 20 世纪 50 年代以来的幼儿园分科课程的模式，坚持以立德树人为根本任务，坚持扎根中国大地办教育，为培养德智体美劳全面发展的社会主义建设者和接班人奠定坚实基础已成为学前教育的首要目标，促进儿童的主动学习与全面发展已成为学前教育课程的最重要目标。如果我们能够在中西融会中不断吸纳优质的幼儿园课程模式的精髓，并站在本土立场上，不断地用核心思想理念、中华传统美德、中华人文精神等本土核心价值观去思考并建构自己的幼儿园课程模式，重视品德启蒙涵养和文化底蕴润泽；如果我们能够通过走近高瞻课程模式的理论与实践，不断地体悟如何在主动学习的活动中让儿童"具有高度的热情和广泛的兴趣"，涵养儿童的积极学习品质；如果我们能够通过了解高瞻课程模式的领域构成与关键发展指标，不断地感受课程内容蕴含的教育基因，在活动中培养德智体美劳全面发展的快乐中国娃；如果我们能够通过掌握高瞻课程模式的计划—工作—回顾过程，不断地思考如何开展符合儿童年龄特点和学习方式、遵循儿童发展规律与学习规律的课程过程设计，聚焦过程质量，提升保育教育水平；如果我们能够把关于幼儿园课程模式的思考和实践与关于幼儿园课程评价模式的思考和实践紧密地结合起来，不断地推动幼儿园课程评价模式走向情境性评价、过程性评价和发展性评价；如果我们能够把幼儿园课程模式的建构与幼儿园教师的专业发展有机地结合起来，不断地促进幼儿园课程模式建构与幼儿园教师专业发展走向一体化……，那么我们就会更快形成具有中国特色、中国风格的幼儿园课程模式，并以自己的课程价值、结构和路径等丰富当今世界多元化的幼儿园课程。

我们需要树立本土教师教育观以实现建构本土幼儿园教师培训模型的预期。形成本土教师教育观并构建发展适宜性的本土幼儿园教师培训模型，是当今我国学前教育高质量发展的当务之急和重中之重。我们应切实提升幼儿园教师质量并基于此为提升幼儿园教育教学质量付出努力。学习高瞻课程模式的理论模型和实践模型，并基于此进行幼儿园课程改革与幼儿园教师教育课程改革的研究后，我们不禁要发问：脱离幼儿园实际岗位任务的新教师培训是否有效？脱离幼儿园实际工作情境的新教师培训是否有效？脱离园所发展规划和教育教学实际的新教师培训是否有效？脱离区域学前教育发展规划和教育教学实际的新教师培训是否有效？我们还要继续发问：拿什么对幼儿园教师进行培训才有针对性和适切性？拿什么对幼儿园新教师进行培训才有针对性和适切性？如何对幼儿园教师进行培训才有实效性和持续性？如何对幼儿园新教师培训才有实效性和持续性？园长专业领导力的核心是什么？园长专业领导力如何体现在对幼儿园课程的领导和基于课程领导的教师领导上？园长在新教师专业胜任力发展中到底应该扮演何种角色以及如何扮演这种角色？园所整体教育教学质量如何提升？区域学前教育质量提升的关键问题到底是什么？教育行政部门应该抓何种关键问题以及如何抓住这些关键问题，以切实提升区域学前教育质量，并让区域学前教育质量提升成为可持续的整体性、差异化的教育教学改革行动？这些问题都真真切切地困扰着我们今天的学前教育理论研究者和实践工作者。幼儿园教师及园长培训"是什么",决定着将要如何定位幼儿园教师及园长的培训;"为什么"开展幼儿园教师及园长培训,决定着我们要不要安排、应该如何安排幼儿园教师及园长的培训;幼儿园教师及园长培训"如何开展",决定着我们设计怎样的教师和园长的培训课程。这些问题都已经变成我们负责任地担当明天的真问题和给出解决方案的开始。我们应当明晰幼儿园教师和园长培训的目标和定位,找准靶向才能更好开展理论探究和实践培训;我们应当设计幼儿园教师和园长培训的课程和内容,明确靶心才能更好促进教师"加深专业理解""解决实际问题"和"提升自身经验"。因而,借鉴高瞻课程模式对于幼儿园教师培训的思考,我们应当关注提升幼儿园教师的岗位胜任力,提升幼儿园教师研究和开展保教活动的能力,提升幼儿园教师研究儿童并支持儿童德智体美劳全面发展的能力,并形成本土幼儿园教师培训模型,这是影响幼儿园教师队伍质量的关键,是影响幼儿园教育质量提升的关键。让培训有效定将让教育高效,促教师培训建设必将促教育质量提升。

(三)课程的方向整合与进阶:为我国幼儿园课程质量提升提供系统性的理论思考

在当今建设高质量学前教育体系并持续推进"幼有所育""幼有全育""幼有善育"的形势下,在当今建构高质量幼儿园教育评估体系并持续推进"科学评估""以评促建"的形势下,我国幼儿园课程体系建设亟待科学有效的"方法论"指导。该"方法论"的核心要义即重视课程横向内容整合和纵向发展进阶,建构支持儿童全面发展的课程目标体系和条件体系,以及支持儿童持续进阶的课程过程体系和评价体系,并依据儿童自身的学习方式与发展特点,将目标、条件、过程和评价体系进行一体化设计,为课程目标定位、课程条件保障、课程过程展开和课程效果评估"立柱架梁",引领中国学前教育走出"简单小学化"和"表面游戏化"的低质量误区,走向"目标有准度""条件有精度""过程有深度"和"评价有效度"的学前教育高质量发展道路。

首先,在幼儿园课程建设上应重视横向课程目标整合并将整合目标嵌入课程条件中,建构支持儿童"主动学习""社会学习""思维学习""经验学习"的课程目标和课程条件体系。在《3—6岁儿童学习与发展指南》所提出的五大领域关键经验学习目标基础上，借鉴高瞻课程模式的主要发展领域及关键发展指标，突出重视儿童的学习品质，帮助儿童学会主动学习，在活动过程中培养其积极态度和良好行为；还应突出强化儿童的德行文蕴，帮助儿童获得文化润泽，在活动过程中涵养优良习惯、互助友爱和爱家爱国等品质。此外，还需重点关注儿童的思维方式，帮助儿童提升思维品质，在活动过程中拓展其具体形象思维并助力抽象逻辑思维的萌芽，以此形成德行文蕴、学习品质、关键经验、思维方式四维目标整合的幼儿园课程目标体系。横向目标的整合，意味着儿童发展四维目标及相应课程内容不是泾渭分明、相互割裂的，而是阡陌交错、系统整合的，并且整合后的目标有机嵌入到支持儿童有效学习的课程条件中，体现在教师为儿童提供的材料和直接感知、实际操作、亲身体验的活动情境中，从儿童发展的整体性、全面性视角提供适宜的课程目标体系和条件体系。

其次，在幼儿园课程建设上应重视纵向进阶设计并在进阶过程中展开效果评价，建构支持儿童"主动学习""进阶学习""合作学习""联想学习"的教学过程和教育评价体系。我们应在《幼儿园保育教育质量评估指南》的引领下，探索儿童各领域学习与发展规律，了解不同年龄段儿童各领域发展特点及最近发展区，借鉴高瞻课程模式的关键发展指标进阶设计及鹰架策略，依据科学确立的指标体系，客观设计儿童思维的发展进阶路径，科学评价儿童在某一领域的学习达到了怎样的进阶水平，还应明确一般教学策略、具体教学策略等鹰架策略，支持儿童向着更高水平持续进阶学习。纵向进阶的设计，意味着我们不仅要明确儿童各领域发展的方向，更要明确儿童发展的阶段和具体的台阶，还要明确支持儿童逐级上台阶的有效支持策略和儿童的预期行为表现，以儿童发展的关键指标及其进阶水平作为设计评价工具的依据，在真实的活动情境下，在教师支持儿童逐级进阶的过程中，观察与评价儿童的典型行为表现，从儿童发展的阶段性、个性化视角提供有效的课程过程体系和评价体系。

最后，在幼儿园课程建设上还应重视课程评估与课程模式一体化建设，秉持科学评估、以评促建的原则，推动课程目标、条件、过程及评价的一体化改进。《幼儿园保育教育质量评估指南》所倡导的科学评估、以评促建指引了幼儿园课程评估与课程模式建设的方法和路径。借鉴高瞻课程模式的儿童发展评价、机构质量评价策略及工具，我们应立足儿童发展的角度开展科学评估，牢固树立儿童为本的理念，站稳培养什么人、为谁培养人的国家立场，深入研究儿童的全面发展目标和科学发展路径，以形成科学评估的目标体系、方法体系及系列工具。我们还应立足课程建设的角度，以评促建，依据培养什么人、为谁培养人的导向建构幼儿园课程的目标体系并评价其价值性质量；依据目标体系建构幼儿园课程的条件体系并评价其条件性质量；依据过程性评价的要求及儿童发展进阶设计重构幼儿园课程的过程体系建设并评价其过程性质量；依据幼儿园课程所达成的儿童发展、教师发展和园所发展等生态效果评价其结果性质量。总而言之，就是力图通过价值性质量、条件性质量、过程性质量和结果性质量的评价，促进幼儿园课程的目标、条件、过程和结果建设，走向"目标质量讲意义""条件质量讲意图""过程质量讲意思""结果质量讲意蕴"的高质量幼儿园课程建设新征程。

（四）教师的培养培训与设计：为我国幼儿园教师能力提升与持续发展提供方向参考

百年大计，教育为本；教育大计，教师为本。在当前高质量学前教育体系建设、高质量幼儿园教育评估体系建设和高质量幼儿园课程体系建设的背景下，在当前造就党和人民满意的高素质专业化创新型教师队伍的背景下，在当前教师队伍建设存在"不能完全适应新方位、新征程、新使命的要求""有的教师素质能力难以适应新时代人才培养需要，思想政治素质和师德水平需要提升，专业化水平需要提高"的背景下，我国幼儿园教师培养培训体系建设亟待有所作为。

首先，关注幼儿园教师的岗位胜任力是幼儿园教师培养培训的抓手与基础。岗位胜任力是一系列影响岗位工作绩效的个人特征要素的集合，包括与工作或工作绩效或生活中其他重要成果直接相似或相联系的知识、能力、特质或动机。学习借鉴高瞻课程模式重视教师岗位胜任力的基本经验，我们应该基于幼儿园的实际岗位任务、幼儿园实际工作情境、园所发展规划和教育教学实际、基于区域学前教育发展规划和教育教学实际开展教师的培养培训。幼儿园教师是在幼儿园情境中从事教师岗位工作的专业人员，保育与教育是其最基础、可观察、易评估的外显的岗位能力。因此，保育与教育应该作为幼儿园教师岗位胜任力培养培训的重要内容。保育重视身心安全与健康，旨在帮助儿童建立合理生活常规，养成良好的生活卫生习惯，发展自我服务的意识与能力；教育重视在保育基础上的德智体美劳全面发展，旨在以游戏为基本活动，发现和支持儿童有意义的学习，强化家园社协同育人，促进儿童各方面在原有水平上不断进阶。保育、教育是共生共长的关系存在，教育的开展需要保育提供基本保障，保育的开展需要教育提供引领支持，促进儿童的全面和谐健康发展是保育和教育的共同追求。

其次，关注幼儿园教师的内生学习力是幼儿园教师培养培训的本质与核心。内生学习力是一种内在的、通过不断获得与应用知识技能来调整和改变人们工作生活状态的持续能力或能力系统，包括接纳力、探究力、转换力、反思力等。学习借鉴高瞻课程模式重视教师持续岗位进阶的基本经验，我们应该基于幼儿园教师岗位胜任力的持续提升、幼儿园发展规划的持续稳定迈进、区域学前教育质量的持续提升开展教师的培养培训。幼儿园教师是具有主动学习愿望和动力的自给自足的专业人员，研究与支持儿童是其最核心、最本质、有挑战的内在的学习能力，因此应该作为幼儿园教师内生学习力培养培训的重要内容。研究与支持主要包括儿童学习研究与支持、个体差异研究与支持、行为观察、发展评价与激励等内容，以在了解儿童、研究儿童的基础上支持儿童主动学习与全面发展。研究与支持是互依互促的关系存在，进行儿童研究是为了不断加深对儿童的理解与认识，是为了更好地支持儿童，而支持儿童的方式方法和策略则需要科学有效的研究支撑。不断发现"儿童的秘密"并持续在理论上解密、揭密，在实践中探密、寻密，是儿童研究与支持的共同的期待。

最后，幼儿园教师培养培训的方案设计应该尝试"反向设计、正向施工"。在明晰幼儿园教师岗位胜任力和内生学习力指向的基础上，结合《幼儿园保育教育质量评估指南》的评估内容，培养培训应该在幼儿园的真实活动场景或活动样态中，提升幼儿园园长和（准）教师包含卫生保健、生活照料、安全防护的保育与安全能力，包含活动组织、师幼互动、家园共育的教育过程能力，包含空间设施、玩具材料的环境创设能力等岗位胜任力，包含学习研究与支持、个体差异研究与支持、行为观察、发展评价与激励等内生学习力，包含党建工作、品德启蒙、科学理念的办园方向把握，包含人员配置、专业发展、激励机制的教师队伍建设等园长领导力。"反向设计"是以终为始，以评促建；"正向施工"是目标导向，迈向结果达成。"反向设计、正向施工"的培养培训方案设计有助于提升培养培训的针对性和有效性，有助于创新幼儿园教师培养培训模式，有助于优化幼儿园教师培养培训课程体系，突出岗位胜任力和内生学习力，以精准解决教师专业学习与发展中存在的问题，也有利于提高资源的利用效率。

（五）大学的今日责任与担当：为我国学前教育质量提升贡献可操作的实践模型

大学面对当今学前教育的形势与任务，责任何在？担当何在？我们要躬身自问：大学可以为"难以走出小学化误区"的幼儿园课程与教育教学改革贡献些什么？为"难以走出讲授式误区"的幼儿园教师培训课程与教育教学改革贡献些什么？为"难为无米之炊的空谈式园本教研"的幼儿园园长专业领导力提升贡献些什么？为"急于凝志聚力切实提升学前教育质量"的教育行政部门贡献些什么？

我们躬身自问的时候，应该如"吾日三省吾身"般持续地深度内省：大学能否贡献出一线幼儿园课程改革和教育教学改革的实践方案——具有方向性、实操性、系统性、迭代性和教师友好性、可评价性、可反思性的幼儿园"课程"或"课"与"程"，幼儿园教师可直接使用并可持续迭代的幼儿园集体教育活动、个别教育活动和生活教育活动？

大学能否贡献出一线幼儿园教师培训课程改革和教育教学改革的实践方案——具有方向性、实践性、反思性的教师培训模型，具有引领性、实操性、园本性的园长提升范式？能否贡献出"主题导向，任务驱动"的幼儿园教师教育新范式，如支持幼儿园教师教育走向加深专业理解、解决实际问题、积累自身经验的专业胜任力提升的"三步走"岗位适宜性培训模型？

大学能否贡献出一线园长专业领导力提升特别是园长课程领导力和教师领导力提升的实践方案——具有引领性、实操性、园本性的"园长为纲、纲举目张"的幼儿园园长专业领导力提升新范式，如切实支持幼儿园园长凝聚共识、分布领导、个人实践、集体反思和有效支持的园本教研新范式？

大学能否贡献出以区域教育行政部门为核心和纽带，以幼儿园为实际参与者、行动者和获得者的大学—区域—幼儿园伙伴关系的新范式，以切实提升区域内幼儿园教育教学质量、教师培训质量、园所整体质量以及区域整体学前教育质量？

回答应该是"能"！我们也愿意在政策研究和理论研究的同时，对学前教育实践问题给出正能量、接地气和可操作的正面回答和回应。

为贯彻落实《中共中央 国务院关于学前教育深化改革规范发展的若干意见》精神，大力加强幼儿园教师队伍建设，完善教师培养体系，健全教师培训制度，提高教师专业水平和科学保教能力，提高教师职业素养，基于对当前《3—6岁儿童学习与发展指南》"落而不实"的现状、理解《幼儿园保育教育质量评估指南》的价值追求和方向引领的现状、当前我国幼儿园教师培训"针对性不强"的现状等的了解以及对解决方案的探寻，基于对国际国内学习共同体建设的理解、研究与行动方案的设计，基于对国际国内大学—政府—幼儿园合作培训模式的理解、研究与行动方案的设计，我们应该以指向落实《3—6岁儿童学习与发展指南》《幼儿园保育教育质量评估指南》的幼儿园课程的实际运行为抓手，以提升幼儿园新教师岗位适应能力为直接目标，切实推动适宜中国国情的幼儿园教师培训模型的构建，从而迈向幼儿园课程发展和教师专业发展一体化的新思路和新行动。

首先，我们应设计并开发基于《3—6岁儿童学习与发展指南》《幼儿园保育教育质量评估指南》的幼儿园教育教学活动或幼儿园课程。我们以落实《3—6岁儿童学习与发展指南》提出的奠基儿童后继学习和终身发展、重视儿童的学习品质和关键经验，以及《幼儿园保育教育质量评估指南》提出的关注儿童品德启蒙为愿景，设计并开发首要目标为浸润儿童的德行文蕴、涵养儿童学习品质，共同目标为帮助儿童获取关键经验，重视过程质量并关注儿童与环境、教师、同伴等互动，聚焦班级观察的集体教育教学活动——希望帮助幼儿园解决走出"小学化"误区以后，幼儿园集体教育教学活动往何处去的实际问题，走出一条切实帮助儿童主动学习、合作学习、创造性学习的幼儿园课程建设道路。

其次，我们应设计并开发基于幼儿园课程的幼儿园教师培训模型。我们以落实《教育部关于深化中小学教师培训模式改革 全面提升培训质量的指导意见》提出的解决培训针对性不强、内容泛化、方式单一、质量监控薄弱等突出问题，教育部《幼儿园新入职教师规范化培训实施指南》提出的通过规范化培训提升新教师岗位胜任力和内生学习力的精神为愿景，设计并开发首要目标为提升幼儿园教师岗位胜任力、共同目标为帮助教师提升内生学习力的"三步曲"培训活动，即"集中体验培训""基地浸润培训""返岗实践培训"，希望帮助地方政府解决幼儿园教师培训"小学化"，甚至"大学化"的问题，走出一条切实帮助教师加深专业理解、解决实际问题、提升自身经验的幼儿园教师培训道路。

再次，我们应设计并开发基于幼儿园课程领导、幼儿园教师领导的幼儿园园长培训模型。我们以落实《幼儿园园长专业标准》中提出的突出园长的领导力和执行力，坚持在不断的实践与反思过程中提升专业能力的理念为准则，设计并开发首要目标为建设一支业务精湛的园长队伍，共同目标为帮助园长提升专业领导力的培训模型，即以园本教研共同体（professional learning community，PLC）为抓手促进领导力提升，希望帮助地方政府回答"园长培训的内容如何设置""园长培训的方式如何选择""园长培训质量如何保障"的实际问题，走出"精选培训内容、改进培训方式、强化监管评价"的园长培训道路。

最后，我们应设计并开发基于课程领导、教师领导、园长领导一体化的区域学前教育管理和提升模型。我们以落实《教育部等四部门关于实施第三期学前教育行动计划的意见》提出的加强幼儿园质量监管和业务指导、各省市建立完善幼儿园质量评价体系的要求为准则，设计并开发首要目标为提升学前教育质量，共同目标为帮助地方政府获取管理效能的"三位一体"的教育管理和提升模型，即"课程领导""教师领导""园长领导"，希望帮助地方政府管理者解决"区域学前教育管理往何处去""区域学前教育质量如何保障"的实际问题，走出切实帮助区域行政部门形成以课程建设为中心，以教师专业发展和园长领导力提升为两个基本点的区域学前教育管理道路。

学习和借鉴高瞻课程模式半个多世纪如一日持续进行课程研究和教师培训研究的做法，我们上述所有的工作都已经切实启动，我们的理解和追求正在也已经变成行动——我们正走在基于设计提升中国幼儿园课程质量和幼儿园教师培训质量，将提升中国幼儿园课程质量和幼儿园教师培训质量一体化，从而提升中国学前教育质量研究的前行之路上。

学前教育是终身教育的开端，是基础教育的基础，是国家教育体系中不可或缺的重要一环。站在新的历史起点上，我们已经认识到"文化是民族的血脉，是人民的精神家园"。只有进行文化的传承与创新，才能凝聚和激发一个民族的活力和创造力。作为学前教育研究者，我们有责任和义务在中华民族文化所具有的独特魅力和历史土壤中，在充分认识学前教育重要价值的基础上，在借鉴国外优秀幼儿园课程模式的同时，理性思考学前教育的价值、幼儿园的本质、幼儿园课程开发和幼儿园教师专业发展等新时期的重大问题，致力于开启一个建构具有民族文化底蕴、与时代精神接轨的幼儿园课程模式和幼儿园教师专业发展模式的新时代。在新的征程中，让我们一同：

聚焦时代话题，站稳中国立场，博古通今寻高质量学前教育改革之"道"；

强化目标导向，谋绘生态图谱，以终为始觅高质量学前教育研究之"法"；

运用系统思维，规范研究范式，立杜架梁探高质量学前教育发展之"术"；

检视多元证据，淬炼科学结论，循序循证索高质量学前教育评测之"器"。

北京师范大学　霍力岩

2023 年 1 月 5 日

本书译者前言

《学前教育机构质量评价系统》（PQA）的
基本特点、主要内容及其启示

党的二十大报告提出要"加快建设高质量教育体系"，高质量学前教育体系建设是其中的重要组成部分，以评价促进学前教育质量的提升正成为目前我国学前教育事业发展面临的时代主题和紧迫任务。中共中央、国务院印发的《深化新时代教育评价改革总体方案》指出，"教育评价事关教育发展方向，有什么样的评价指挥棒，就有什么样的办学导向"。《中共中央 国务院关于学前教育深化改革规范发展的若干意见》指出，要完善监管体系，将"健全质量评估监测体系"作为提高幼儿园保教质量的重要方式。教育部颁布的《幼儿园保育教育质量评估指南》延续对提升幼儿园保教质量的呼唤，强调"科学评估""以评促建"，指出从办园方向、保育与安全、教育过程、环境创设、教师队伍等 5 个方面考察幼儿园保教质量，将"聚焦班级观察"作为全面、客观、真实地了解幼儿园保育教育质量的重要方式。综上可知，目前我国教育政策中对于通过评价来提升学前教育质量与促进学前教育发展已有充分的认识与关注，但目前尚且缺乏适合中国本土并极具科学性与操作性的学前教育质量评价标准与评价工具。为解决这一困境，我们将目光转向国际优秀的学前教育机构质量评价量表，试图寻找并借鉴国际教育评价的优秀实践，其中，高瞻教育研究基金会在多年的研究和实践的基础上开发的机构质量评价工具——《学前教育机构质量评价系统》（PQA）（Preschool Program Quality Assessment，PQA）非常值得关注。《学前教育机构质量评价系统》（PQA）拥有适宜的评价理念、明确的评价目的、科学的评价方法、严密的评价体系设计、详尽的评价实施方案、广泛的评价适用范围，能够对当前我国学前教育质量评价领域如何进行"科学评估""以评促建"，以及"评什么""在哪评""用何评""如何评"等问题提供系统借鉴。

一、为什么要译介《学前教育机构质量评价系统》（PQA）

在我国建设高质量教育体系的背景下，学前教育体系建设作为其中的重要环节，迫切需要建设一套结构完整、科学进阶、普适友好、过程真实、多元参与的幼儿园质量评价系统，这对于引导办好每一所幼儿园、提升幼儿园保教质量、帮助教师在班级真实情境中进行评价、保证多方参与等方面均具有重要的助推作用。

（一）《学前教育机构质量评价系统》（PQA）具有全面性与科学性

第一，全面性。《学前教育机构质量评价系统》（PQA）是高瞻课程模式基于学前教育领域的"最佳实践"并以幼儿发展为基本原则和研究起点设计的，它能够评价学前教育机构质量的关键方面，反映学前教育中的"最佳实践"。其整体内容包括：操作手册（Administration Manual）；表A，班级层面条目（Classroom Items）；表B，机构层面条目（Agency Items）。该系统共包括7个领域63个条目，其中表A班级层面条目侧重考察班级日常教学工作的质量，包括学习环境（9个条目）、一日常规（12个条目）、成人—幼儿互动（13个条目）、课程计划和评价（5个条目）；表B机构层面条目侧重考察整个学前教育机构的实施情况和质量，包括家长参与和家庭服务（10个条目）、员工资质和员工发展（7个条目）、机构管理（7个条目），几乎涵盖了评价学前教育机构质量的所有指标，关注了质量的结构性和过程性，非常全面。

第二，科学性。首先，目前的《学前教育机构质量评价系统》（PQA）基于从1989—2013年的评价应用经验、最新研究分析和用户使用反馈，共经历4个版本的修订，评价内容在不断修订的过程中经过了多次心理测量学特性的验证，并在广泛使用中接受了实践的检验，具有良好的信效度与突出的科学性。其次，《学前教育机构质量评价系统》（PQA）规避了传统的发展评价脱离幼儿真实教育经验的弊端，评价标准和方法更加多元，评价过程强调立足真实的幼儿园情境，运用观察法和访谈法对真实教学环境、成人—幼儿互动情境进行客观描述和评价，在评价过程中既有严格的量化计分程序保证评价的一致性和标准化，又允许评价者在具体评价条目各层级水平旁的空格中记录观察内容和访谈内容，以保证评价的真实性。最后，《学前教育机构质量评价系统》(PQA) 也对评价者实施和开展评价工作的流程和步骤进行了详细规定，具体且可操作化的评价流程可以减少评价的主观性并确保评价结果的科学性与可靠性。

（二）《学前教育机构质量评价系统》(PQA) 注重过程性与进阶性

《学前教育机构质量评价系统》(PQA) 注重结构性要素，也重视过程性要素，强调在班级真实的教学情境中进行观察，并用科学进阶水平的指标进行进阶性评价。

第一，关注过程。过程性质量的相关评价指标与幼儿的生活和学习经验有直接联系，也能够体现日常教育教学活动的本质。《学前教育机构质量评价系统》(PQA) 是以过程性质量评价为倚重的综合性评价，其中考察过程性质量的评价指标主要集中在学习环境、一日常规、成人—幼儿互动、课程计划和评价与家长参与和家庭服务中，条目数量远超结构性质量的条目数量，如成人—幼儿互动的关键评价指标共 13 条，在全部评价指标中占比最高。

第二，注重进阶。《学前教育机构质量评价系统》(PQA) 强调将质量看作一个连续体，将每一指标条目划分为代表低、中、高不同质量的水平（水平1、水平 3、水平 5），对各指标与典型行为进行界定并提供相关示例。值得关注的是，《学前教育机构质量评价系统》(PQA) 强调评价的着眼点并不是划分学前教育机构的等级水平，而是从专业引导的视角帮助教育实践工作者与评价人员明确学前教育机构的发展水平，并通过评价获得建设性的反馈，明确质量提升的最近发展区，帮助学前教育机构在班级层面与机构层面均获得整体质量的提升。

（三）《学前教育机构质量评价系统》(PQA) 关注普适性与公平性

第一，普适性。首先，《学前教育机构质量评价系统》(PQA) 适合评价所有学前教育机构的质量，用途广泛，不仅能够在大范围内对学前教育机构进行有效评价与指引，还能够用于认证、报告、监测和培训；不仅适合实施高瞻课程模式的学前教育机构，还适合其他所有基于幼儿发展的课程方案。其次，《学前教育机构质量评价系统》（PQA）的质量评价指标与各水平等级的表达与定义明确且通俗易懂，所有条目和指标都有具体的解释，且除了评价表 A 与表 B 外，还提供具有实用性与引领性的操作手册，便于不同评价主体基于教育现场，运用观察和访谈的评价方法进行可操作化的真实性评价。可以说，《学前教育机构质量评价系统》（PQA）的普适性不仅体现在其广泛应用于各类学前教育机构，还体现在其可以使多元主体都能够参与评价。

第二，公平性。《学前教育机构质量评价系统》（PQA）的评价指标与评价标准体现了对特殊幼儿（包括残疾幼儿、母语非英语幼儿等）的关注，强调在教育机构环境创设和材料投放的过程中面向所有幼儿，关注所有幼儿的教育需要，例如班级层面成人—幼儿互动指标涉及母语非英语的幼儿，家长参与和家庭服务指标涉及特殊幼儿。

（四）《学前教育机构质量评价系统》（PQA）强调多元参与性与用途多样性

第一，多元参与。《学前教育机构质量评价系统》（PQA）极具操作性，并着重强调评价主体的多元性，包括研究人员、评审人员、机构管理人员、教师或家长等。它可以由独立评价者完成，也可以由相关人员（包括园长、幼儿教育专家、课程管理员、教师、教育团体与家长等）在网站上以自我评价的方式完成。评价主体的多元化也反映了教育评价满足教育质量相关利益群体需求的整体趋势，因为质量保证是进行决策或管理时的一个主动过程，无论对内还是对外，幼儿园都要实现其教育目的并满足相关利益者的要求。《学前教育机构质量评价系统》（PQA）能帮助包括教师、管理者、家长、研究者和政策制定者等在内的不同利益主体进行交流。参与评价的多元主体在准确理解并掌握《学前教育机构质量评价系统》（PQA）核心内容要义的基础上，精诚合作，共同促进学前教育机构的质量提升。

第二，用途多样。《学前教育机构质量评价系统》（PQA）不仅可用于评价学前教育机构的质量，还可用于学前教育机构自我评价以及培训、研究、反馈、监督等。根据评价目的的不同，评价者运用评价体系的部分或全部指标，通过观察、评分、记录逸事等流程来评价、监督学前教育机构的质量与发展。学前教育机构的管理者与其他工作人员可以运用《学前教育机构质量评价系统》（PQA）开展自评、管理与培训等工作。该系统对于每一个指标的描述和各水平有详细的界定与解释，可以帮助相关人员反思自己的管理与教育教学实践，从各个方面反思自己需要改进和发展的领域，确定质量等级，并制订后续的改进方向与行动计划。《学前教育机构质量评价系统》（PQA）还可以用于职前与在职培训，引导各利益相关方对学前教育质量有一个综合的了解。

　　综上，我们可以看出《学前教育机构质量评价系统》（PQA）具有全面性与科学性，注重过程性与进阶性，关注普适性与公平性，强调多元参与性与用途多样性，以上特点均可以为我国建构扎根中国大地的幼儿园教育质量评价体系提供思考与建议。

二、《学前教育机构质量评价系统》（PQA）的评价指标与操作手册

（一）评价指标

　　《学前教育机构质量评价系统》（PQA）主要从班级与机构两个层面对学前教育机构的质量进行评价。班级层面的评价主要从学习环境、一日常规、成人—幼儿互动、课程计划和评价 4 个方面进行，共有 39 个具体评价条目；机构层面的评价主要从家长参与和家庭服务、员工资质和员工发展、机构管理 3 个方面进行，共有 24 个具体评价条目（见表 1）。

表 1　《学前教育机构质量评价系统》（PQA）的具体评价条目

评价层面（数量）	评价领域（数量）	评价条目
班级层面（4）	学习环境（9）	安全而健康的环境
		明确划分的兴趣区
		科学设置兴趣区
		户外空间、设备和材料
		有组织和标识的材料

评价层面（数量）	评价领域（数量）	评价条目
班级层面（4）	学习环境（9）	多种多样的开放性材料
		充足的材料
		多样化的材料
		展示幼儿的作品
	一日常规（12）	固定的一日流程
		一日流程的环节
		一日流程各环节时间分配合理
		幼儿计划时间
		幼儿自发活动时间
		幼儿回顾时间
		小组活动时间
		大组活动时间
		过渡时间的选择
		清理时间允许合理选择
		餐点时间
		户外活动时间
	成人—幼儿互动（13）	满足基本的生理需求
		处理与家人的分离焦虑
		温暖关爱的氛围
		支持幼儿的交流
		支持母语非英语的幼儿
		成人以伙伴身份参与游戏
		鼓励幼儿的主动性
		在集体活动时间支持幼儿学习

续表

评价层面（数量）	评价领域（数量）	评价条目
班级层面（4）	成人—幼儿互动（13）	幼儿探索机会
		认可幼儿的努力
		鼓励同伴互动
		独立解决问题
		冲突解决
	课程计划和评价（5）	课程模式
		协作教学
		全面的幼儿记录
		教师记录逸事
		幼儿观察评价工具的运用
机构层面（3）	家长参与和家庭服务（10）	家长参与的机会
		决策委员会中有家长
		家长参与幼儿活动
		分享课程信息
		与家长交流
		家庭中的拓展学习
		正式的家长会
		诊断式 / 特殊教育服务
		必要的服务引介
		幼小衔接
	员工资质和员工发展（7）	机构管理者的背景
		教师的背景
		员工接受上岗培训与监督
		持续的专业发展

续表

评价层面（数量）	评价领域（数量）	评价条目
机构层面（3）	员工资质和员工发展（7）	在职培训的内容和方法
		观察与反馈
		加入专业组织
	机构管理（7）	机构注册
		保教的持续性
		机构评价
		入园以家庭为中心
		制度与程序
		残疾儿童的入学机会
		机构资金的充足性

　　评价者在每一个层面的评价中分别关注并记录机构/评价者信息、评价条目概览、评分规则、各评价条目的具体水平指标及示例、汇总单等内容。为帮助评价者充分利用评分规则进行科学规范的评价，该系统明确界定了每一具体评价条目的不同水平，清晰描述各水平层级的行为与范例，且允许评价者运用观察和/或访谈记录支持性证据。

　　（二）操作手册

　　《学前教育机构质量评价系统》（PQA）配套有操作手册，包括《学前教育机构质量评价系统》（PQA）概述和使用说明两部分内容。

　　相关概述指出《学前教育机构质量评价系统》（PQA）作为一个用来评价学前教育机构质量和确认员工培训需求的综合性评价工具，适用所有的学前教育机构。经过多次在内容、结构、格式与心理测量基础等方面的修订，整体具有培训、自我评价和监督、观察和反馈、研究和评价、信息和传播等多样用途，能够引导人们关注学前教育机构的质量问题，为改进提升学前教育质量提供重要依据。

在使用《学前教育机构质量评价系统》(PQA)进行评价时,研究人员、机构管理人员、专家、教师等评价主体"三步走"的评分流程——适当的观察和/或访谈,在每一行空白处记录支持性证据;阅读每一行指标,每行勾选一格;确定质量等级,在右上角圈出相应水平——在班级与机构层面进行评价,并最终完成评价的汇总单。

三、借鉴《学前教育机构质量评价系统》(PQA)建构扎根中国大地的幼儿园教育质量评价体系

(一)把握"科学评估"基本原则,树立"以评促建"目标导向

随着中国特色社会主义进入新时代,学前教育事业的发展也面临着新的矛盾与挑战,高质量发展成为新时代学前教育改革与发展的主题。学前教育评价作为学前教育事业改革与发展的时代要义,是推动高质量学前教育体系建设的中坚力量。高质量学前教育体系建设,既是学前教育评价的逻辑起点,也是学前教育评价的结果追求。建立健全有效的质量监测体系是保障高质量学前教育的重要抓手。为建立学前教育评价与高质量学前教育体系建设之间的衔接机制,亟需建设以提升幼儿园保教质量为目标的幼儿园教育质量评价体系,即用科学规范的教育质量评价工具引领幼儿园保育教育质量的提升,并发挥好教育评价的诊断、改进与激励作用。

当前我国学前教育机构质量评价很多缺乏科学系统、操作可行的评价标准,缺乏信效度检验和实践验证,致使评价过程极易受到评价者的主观因素影响,对有效落实以教育质量提升、幼儿持续发展、教师能力改进为根本宗旨的评价形成了一定的阻力。同时,各地幼儿园保教质量评价也较多存在重结果轻过程、重硬件轻内涵、重他评轻自评的现象,难以适应学前教育高质量发展的新要求。另外,已有的评价模式多以城市幼儿园为主要评价对象,对于农村幼儿园教育质量的引领性和关注度较为缺乏。因此,目前迫切需要基于科学评价原则建构以评促建的中国特色幼儿园教育质量评价体系,并广泛应用于我国的幼儿园教育质量评价,由此强化科学导向、规范引导,带动我国幼儿园保育教育质量的持续提升。

《学前教育机构质量评价系统》（PQA）作为高瞻课程模式的重要评价工具，一直秉持着"科学评估"的基本原则，并经由实践检验，是一套具有较高信效度的学前教育质量评价工具。我国最新颁布的《幼儿园保育教育质量评估指南》亦是以科学评估为基本原则，重视强化过程评价和评估结果应用，强调发挥以评促建的基本功能，但仍需经由实践的检验和评价体系的进一步细化提升。基于此，在追求学前教育高质量发展的趋势下，参考并借鉴《学前教育机构质量评价系统》（PQA）的评价指标与评价标准，开发扎根中国大地的幼儿园教育质量评价工具势在必行。具体来说，通过对《学前教育机构质量评价系统》（PQA）评价理念与实践的学习，我们深知未来应聚焦开发以教育质量提升、教师专业进步、幼儿终身发展为中心的学前教育机构质量评价体系，将评价定位于"服务和发展"。也就是说，评价工具的开发应突破主观经验限制，以科学性、适宜性、操作性、友好性为基本追求，使其成为能引导幼儿园进行自我评价并高质量发展的工具，凸显幼儿园教育质量评价的引领性、发展性功能，从根本上落实"科学评估""以评促建"。

（二）以班级为中心辐射园所质量发展，以过程为倚重支持教育质量进阶

幼儿园班级是幼儿在园的"最近一厘米"环境，是幼儿个体与环境中的人或物互动的基本场所。幼儿的成长和发展需要教师不断观察并基于观察结果提供教育支持，教师亦能够基于评价反思完善自身的教育教学过程。幼儿园教育质量评价体系的建构，既能成为幼儿园教师有效开展评价以支持教育质量进阶的重要抓手，也能成为以幼儿园班级为中心带动园所质量提升的有效手段。

我国现有相关评价标准的内容相对较为宏大宽泛，评价指标主要集中在如指导思想和理念、办园条件、园务管理制度、保育和教育工作、卫生和安全保健等内容。可以看出，上述评价标准中对结构性质量的关注占有较大比重，较少关注如师幼互动、课程、学习环境、家长参与等过程性质量。但幼儿园过程质量既是日常教育教学活动的本质反映，也是幼儿经历与学习的具体过程。

因此，我们更需要重视幼儿园保育教育过程质量，坚持以促进幼儿身心健康发展为导向，切实解决当前幼儿园质量评价中重结果而轻发展、重结构而轻过程等问题。如充分借鉴《学前教育机构质量评价系统》（PQA）将评价指标分为班级与机构两个维度，且重点聚焦学习环境、一日常规、成人—幼儿互动等3个主要方面对班级进行观察，并对每一方面进行指标细化和水平分层。具体来说，评价者可以运用评价工具开展以班级为单位的工作评价，并将评价结果反馈给相关班级和园所，使其了解自身发的优势与不足，从而帮助班级/园所明确其努力方向和改进措施，最终实现以班级为中心带动园所质量的提升。又如，借鉴《学前教育机构质量评价系统》（PQA）关注学前教育机构结构性质量和过程性质量，尤其强调过程性质量的综合性评价导向。具体来说，《学前教育机构质量评价系统》（PQA）制定了明确且渐进式的评价内容与评价标准，全面呈现了各维度下的质量水平特征，有助于评价者理解各维度指标，并能基于指标对教育活动实施过程进行观察与判断。从这一层面来说，我国学前教育机构质量评价标准的制定应更多关注过程性质量评价内容，增加如师幼互动、环境创设、一日常规、课程计划和评价等过程性维度指标，并对各个指标不同水平层级进行细化，从而建构综合性幼儿园教育质量评价指标体系，实现以过程为倚重支持幼儿园整体教育质量的持续进阶。

（三）增强评价标准的可操作性，提升评价者的评价能力

质量评价标准是教育评价的一种尺度，往往用以衡量教育实践是否符合或满足要求和规范。评价离不开评价者的实际参与，而科学有效的评价标准能够提升评价者运用评价工具的能力，提升评价的客观性，从而根据评价结果反思和改进自身的实践，使自己的实践不断向最佳的学前教育实践靠近。

我国《幼儿园保育教育质量评估指南》的出台，对幼儿园保育教育质量"评什么"做出了新的规定，但是在"用何评"与"如何评"方面，尚缺乏在明确评价维度的基础上聚焦评价维度各条目下的水平特征、水平指标的设计，尚未能匹配持续进阶的多个水平指标及内涵界定与典型行为描述，尚缺乏一套详细、具体、可操作化的评价实施举措以减少评价者评价的主观性，尚缺乏在质量评价过程中重点提升评价者对典型行为表现的把握和进行现场观察和准确判断的能力，对评价进行有设计的观察、有智慧的分析、有策略的支架。

我们可以首先学习并借鉴《学前教育机构质量评价系统》（PQA），制定具有可操作性的质量评价标准，便于评价者明确评价维度，根据步骤进行有针对性的观察与评价。其次，把质量视为一个连续体，勾勒出不同水平层级的学前教育实践样貌，有利于评价者在真实情境中匹配水平层级进行打分。最后，详细、具体阐述质量水平和特征，对典型行为表现进行例举，有利于评价者清晰理解各领域下的水平表现和典型行为，为实践工作者了解学前教育机构目前的现状水平、确保评价结果的真实可靠性以及下一步如何改进提供参考。

（四）融合多元视角，多主体参与幼儿园教育质量评价

根据我国《幼儿园教育指导纲要（试行）》的精神，管理人员、教师、幼儿及家长均是幼儿园教育评价工作的参与者，评价过程是各方共同参与、相互支持与合作的过程。相关研究者也指出，应该将评价活动的参与者吸收到评价系统及其标准的制定过程中来，让学生、家长、教师和教育行政官员一起参与评价政策的制定过程。只有这样才能保证评价活动的参与者对评价的认同和积极的参与。[①]

因此，我国在质量评价标准的制定过程中应贯彻多主体参与的原则，邀请来自社会不同阶层、代表不同群体利益的人员，如教师、儿童、家长、社区代表等，对幼儿园保教质量及改进提出建议，并将多主体的意见、观点并进行有机整合，作为建构学前教育质量评价标准和评价工具的依据。在评价过程中，建立合理的多元评价主体共同协作的评价机制，帮助幼儿园全面了解自身各方面的教育质量，为教育质量的改进提供依据，并引发社会各界对幼儿园教育质量的关注和监督。

《学前教育机构质量评价系统》（PQA）作为高瞻课程模式的重要评价工具之一，无论在评价内容还是在实施方法等方面，都顺应了当今质量评价领域的总体发展趋势。基于相关学习与研究，我们发现《学前教育机构质量评价系统》（PQA）具有全面性与科学性，注重过程性与进阶性，关注普适性与公平性，强

---

① 刘丽湘 . 当前我国幼儿园教育质量评价工作的误区及调整策略 [J]. 学前教育研究 , 2006 (7-8): 85-87.

调多元参与性与用途多样性，为我们呈现了学前教育质量评价的"最佳实践"图貌，能够为我国学前教育工作者对班级和机构质量的观察、记录、评价等工作提供参考，对我国制定学前教育机构质量评价体系提供参考。

北京师范大学　霍力岩

2023 年 1 月 5 日

目　　录

第一部分

《学前教育机构质量评价系统》(PQA)① 操作手册

① 本工具由高瞻教育研究基金会学前教育课程和研究部门员工开发，开发者包括：安·爱泼斯坦（Ann S.Epstein）、苏姗·盖斯利（Suzanne Gainsley）、玛丽·霍曼（Mary Hohmann）、特德·尤尔凯维奇（Ted Jurkiewicz）、香农·洛克哈特（Shannon Lockhart）、贝斯·马歇尔（Beth Marshall）和珍妮·蒙铁（Jeanne Montie）。

《学前教育机构质量评价系统》（PQA）概述

什么是《学前教育机构质量评价系统》（PQA）？

　　《学前教育机构质量评价系统》（PQA）是一个用来评价学前教育机构质量和确认员工培训需求的工具。该评价工具由高瞻教育研究基金会开发，适用于所有学前教育机构，而不仅仅是使用高瞻课程模式的机构。《学前教育机构质量评价系统》（PQA）的目的是反映基于研究和实验的"最佳实践"。它可以识别有效促进幼儿发展、鼓励家庭和社区参与以及为员工创造一个支持性的工作环境的结构性特征和动态关系。

　　《学前教育机构质量评价系统》（PQA）是一个综合性评价工具，用于考查学前教育机构各个方面的情况，包括环境的物质特征、成人—幼儿互动的性质以及机构人员配置和管理。这种综合性反映出一个专业共识：对机构的质量评价不能仅仅基于某一个单一的数据，还应该囊括更多维的方法（Fiene & Melnick,1991）。[①] 对一个机构的评价必须既包括根据规章制度确定的结构化信息，又包括那些捕获幼儿在物质和人际交往学习环境下经验的动态信息。《学前教育机构质量评价系统》（PQA）通过采用观察和访问技术相结合的方式实现了这一点。

　　《学前教育机构质量评价系统》（PQA）可以由受过训练的独立评价者来操作，也可作为自我评价的工具。它可以用来进行系统的定量研究或制订员工发展计划。基于课堂观察以及对教学和管理人员的访谈，评价者能够完成一系列反映机构多方面特征的客观的5分量表。为了确保评价的信度和效度，《学前教育机构质量评价系统》（PQA）对每一指标的最高分、最低分和中间值都进行了

---

① FIENE R & MELNICK S. Quality assessment in early childhood programs：a multi-dimensional approach.Paper presented at the annual meeting of the American Educational Research Association，1991，Chicago,Illinois.

界定，并且附有实例。不同于符合性测量只允许使用"是"或"否"，《学前教育机构质量评价系统》（PQA）是在一个连续体上界定质量，以更加明确当前的质量水平和改进的需要。总的来说，《学前教育机构质量评价系统》（PQA）的结构和内容使得机构质量评价的深度和广度得到了提升。

《学前教育机构质量评价系统》（PQA）的用途

《学前教育机构质量评价系统》（PQA）可以作为培训、监督、观察和反馈以及研究和评价的工具。其结果可以呈现给行政管理者、机构工作人员、家长和机构出资者，也可以与整个学前教育领域的实践者和研究者分享。从该系统中得到的结果能够界定和阐明"最好的实践"，引导人们关注职前和在职培训中的发展问题，考查实践和幼儿发展之间的关系，为改进学前教育质量提供依据。

培训

可以通过《学前教育机构质量评价系统》（PQA）加强职前和在职培训。该系统可以在培训的整个过程中使用，让受训者对质量有一个综合的了解。每一部分对应具体内容，每条指标的具体范例描述了在操作中什么是最好的实践。人们常说《学前教育机构质量评价系统》（PQA）通过将发展适宜性实践的理念转化为具体的实施策略，从而界定了"发展适应性实践"这个术语。即使是经验丰富的教师也会发现《学前教育机构质量评价系统》（PQA）的深刻性和具体性，从而帮助他们从一个新的视角反思传统的实践。

自我评价和监督

《学前教育机构质量评价系统》（PQA）是行政管理者和教师评价实践和确定进一步发展与培训需要的一个有价值的工具。它也可以供学前教育机构管理者使用，或者供其他负责的督导使用。因为《学前教育机构质量评价系统》（PQA）是客观的量的评价，所以它也能通过数字和逸事记录来呈现一个或多个领域的进步。

观察和反馈

如果运用《学前教育机构质量评价系统》(PQA)进行观察和反馈,则管理将更有效率,更加轻松。例如,员工个人或者教学团队可与管理者达成一致意见,共同聚焦于某一个或多个实践方面。然后,管理者根据《学前教育机构质量评价系统》(PQA)中的相关条目,观察环境,详细记录逸事,评分,并与员工个人或者教学团队讨论评价结果。他们共同确认实施过程中的优点,同时发现需要改进的地方,并运用《学前教育机构质量评价系统》(PQA)的具体范例制订一个行动计划。

研究和评价

《学前教育机构质量评价系统》(PQA)可供经过培训的外部观察者用于研究的目的,如用来记录机构实践,对比不同机构的质量,考查机构质量与幼儿发展之间的关系。《学前教育机构质量评价系统》(PQA)也可以用于在相关的培训前后对机构的一个或多个方面进行评价,从而考查员工培训的有效性。

信息和传播

由于《学前教育机构质量评价系统》(PQA)有简洁的说明和翔实的范例,因此它适用于不同的个体——包括行政管理者和政策制定者,尤其是那些新进入学前教育领域、需要了解高质量学前教育机构组成要素的人。支持性人员也可以从中获益,因为他们可以更好地了解教师的行为和要求。《学前教育机构质量评价系统》(PQA)还是与家长分享并且帮助家长在家中创设相应的环境并与儿童互动的有效工具。另外,《学前教育机构质量评价系统》(PQA)的结果也便于与研究者交流,并且可以帮助他人对有效的实践进行复制和拓展。

修订《学前教育机构质量评价系统》(PQA)的原因

本修订版保留了1998年版本及其前身《机构实施简况》的优点,并修订了其局限之处。在之前版本中，为了既可以作为一个有效的培训工具，又能作为一个客观评价工具，实践者和研究者非常重视其内容的全面性和定义的明确性。这些特点在修订后仍然得以保留。

与此同时，本版指出了旧版中的缺陷，其中最大的缺陷在于评分严重偏向5分量表中的正极。在这种评分规则下，评价人员会惯性地打4~5分，即使有时连他们自己也都认为质量水平实际上应该更多样化。由于旧版采用这种方式，导致总得分会因为有一两个质量特征而提高，但缺乏其他质量特征时，得分并不会相应下降。为了纠正这个问题，本版要求评分人员在进行总分评定前，必须单独记录下每个条目的情况。这种变化大大提升了《学前教育机构质量评价系统》（PQA）的心理测量学特性，从而获得了更广泛和更具代表性的分数分布。新的评分系统还增强了作为员工培训工具的功能。培训者和实践者现在可以考查那些共同构成某个特定维度的"高质量"的所有单独特征。

在修订的过程中，高瞻教育研究基金会也在内容、结构、心理测量学基础等方面进行了改进，对不清晰的条目进行了改写，并合并了冗余条目。新的版本已从72个条目缩减至63个条目。修订后的《学前教育机构质量评价系统》（PQA）也有格式的变化，以适应新的计分程序。版式设计变得更符合逻辑，同时也更便于使用。总之，美国各州乃至全世界范围评价研究中广泛的数据收集，为我们考查新版本的信度和效度提供了依据，便于我们进行分量表的验证性因素分析。

新旧版本内容异同概述

内容

新旧版本的《学前教育机构质量评价系统》（PQA）都评价7个领域：学习环境、一日常规、成人—幼儿互动、课程计划和评价、家长参与和家庭服务、员工资质和员工发展、机构管理。每个领域包括4~12个条目。新版已经从旧版的72个条目缩减至63个条目。此外，还有一些小的改变，包括对认证标准或最佳实践认识的更新，澄清条目的措辞以提高测量的内部一致性。

结构

每个条目都以一个陈述句开始，后面是一系列水平指标，分别代表着5分质量体系中的低、中、高水平。在旧版中，只有一个指标或一句陈述。评价者从1~5中选择一个分数，当他们感觉介于两极之间或处于中间水平时，就会选择2和4。在新版中，条目的每个水平特征都单独呈现，仍然是对两个极点和中点进行了定义。这使得每个条目的每一水平都可以转换为一个量化的成绩。

格式

《学前教育机构质量评价系统》（PQA）仍然分为7个领域，另有一页用来画班级草图，一页用来记录班上张贴的和实际的一日流程。由于计分规则的改变，修订后的每个条目都会有一系列的指标而不是仅有一个指标。每个指标的最后都有一个空格用于记录逸事，而不是仅仅在底部写一个汇总的逸事。行与行之间预留了空间以便记录逸事。每个条目的最终得分将会出现在页面的顶部。

由于本评价系统的前4个部分可以在每个班分别进行，而5~7部分通常是对机构进行评价，因此新版分成2份独立的表格（表A和表B），每份表都有自己的结果。和旧版一样，在每份表最后有一张汇总单。这样，一份表格及其汇总单适用于班级层面评价，另一份表及其汇总单适用于机构层面评价。

《学前教育机构质量评价系统》（PQA）的使用

进行观察和访谈

人员

《学前教育机构质量评价系统》（PQA）可以由受过培训的独立评价者如研究人员、评价者完成，也可以由外界顾问、机构管理人员等完成，还可以由机构工作人员如机构主管、学前教育专家、课程协调员、教师（团队）或者家长等以自我评价的方式来完成。实习生也可以使用本系统，并且和他们的导师讨论结果，作为他们学业培训的一部分。

流程

无论是外部还是内部的评价者，都应该进行全面的观察和评价。在评分前，建议评价者至少花一天的时间来了解各评价条目，其中分配半天时间在班级里观察，另外半天时间进行访谈。如果有几个班，那么评价者至少要去每个班级待半天以完成观察，并访谈主班教师（表 A）。如果机构中所有班级要访谈的信息都相同，那么只需对主管（或者其他相关的工作人员）访谈（表 B）一次。

评分

如果可能，评价者应该完成《学前教育机构质量评价系统》（PQA）每一个条目下的每一个子条目（行）的水平评定。前 3 个领域主要通过观察来完成，而后面 4 个主要通过访谈来完成。评分步骤在表的开头有详细描述，分以下 3 步。

第一步，适当的观察和 / 或访谈。在每一行的空白处记录支持性证据。

你所看到的、听到的和记录的将为你第三步的打分提供证据。多数证据来源于你的直接观察，但有时你需要访谈机构工作人员（如教师、教育专家和主管），以获得额外的信息支持你所观察到的内容。使用问题，从工作人员那里引出需要的信息。如果需要，帮助你选择指标水平的支持性证据可包含以下内容。

- 逸事：简短记录幼儿和 / 或员工实际做了什么和 / 或交流了什么。
- 引述：幼儿和 / 或员工实际说了什么。
- 材料清单。
- 关于房间、空间、区域和 / 或户外游戏场地的图表和标记。
- 一日活动顺序或常规。
- 对问题的回答（注意问题的特定用词）。

第二步，阅读每一行的指标。每行勾选一格。

一旦收集到了支持性证据，阅读条目下面的每一行指标。基于你在第一步收集到的证据，在每行指标的 3 个方格（1、3、5）中选一个且只能选一个画"√"。尽量完成每行指标。若有需要，可以访谈教师或其他工作人员，以获得额外信息用于支持你所观察到的内容。如果一行中的所有方格都不适用（如可能有的半日开放机构没有午睡时间），那就在这一行进行标记，并且不要勾画这一行的任一方格。

第三步，确定质量等级。在右上角圈出相应的水平。

根据下面的标准确定每个条目的质量等级。

· 对于有 3 行或 3 行以上的条目

水平 1：一半或一半以上的行选择了水平 1（即使有的行可能选了水平 3 或水平 5）。

水平 2：不到一半的行选择了水平 1，其他行选择了水平 3 或水平 5。

水平 3：一半或一半以上的行选择了水平 3，并且没有任何行选择了水平 1。

水平 4：不到一半的行选择了水平 3，其余各行均选择了水平 5。

水平 5：所有行都选择了水平 5，而且没有任何行选择了水平 1 或水平 3。

· 对于仅有两行的条目

水平 1：两行均选择了水平 1。

水平 2：一行选择了水平 1，另一行选择了水平 3 或水平 5。

水平 3：两行均选择了水平 3。

水平 4：一行选择了水平 3，另一行选择了水平 5。

水平 5：两行均选择了水平 5。

如果某行（子条目）各选项都"不适用"，或不能被观察到，亦不能通过访谈而决定，那么评分时只依据该条目已经评分的行。只有当该条目下没有任何一行完成了评分时，才能在班级层面或机构层面评价表末尾的汇总单上填写"观察和访谈都未发现"。

运用《学前教育机构质量评价系统》（PQA）进行独立评价

观察项

为了完成观察项（学习环境、一日常规、成人—幼儿互动），评价者会在班级内进行观察，将支持性的证据和逸事写在每行指标的最后一格，然后检查每行，按照评分流程在每个条目的右上方完成评分。必要的时候，评价人员可使用所提供的问题向机构员工（如教师）询问额外信息，以补充所观察到的内容。

访谈项

为了完成访谈项（课程计划和评价、家长参与和家庭服务、员工资质和员工发展、机构管理），评价者要提出问题。总体来说，"课程计划与评价"主要面向教师，"家长参与和家庭服务"等3个领域面向主管。在具体实施中，评价者需判断选择哪些工作人员作答更合适。和观察项一样，评价者需要在每一行的最后一格中填入支持性证据和逸事，并完成评分。

运用《学前教育机构质量评价系统》（PQA）进行自我评价

观察项

为了完成观察项，评价者需在每一行子条目最后撰写支持性证据和逸事记录，选定一个水平，并在右上角圈出一个水平。必要时，评价者可能会问其他工作人员（如课程专家）额外的信息，以补充其关于机构的相关知识。

访谈项

为了完成访谈项，评价者需要阅读每一行子条目的问题。和观察项一样，评价者需在每一行输入支持性证据和逸事，并依照指示完成评分。必要时，评价者可能会询问其他工作人员（如社区服务协调员）额外的信息，以补充其关于机构的相关知识。

完成汇总单

在《学前教育机构质量评价系统》(PQA) 表 A 和表 B 的末尾,都有一张汇总单。表 A 的汇总单包含了班级层面的所有条目,表 B 的汇总单包含了机构层面的所有条目。评价者将各表上每个条目的分数 (1、2、3、4、5) 抄写到对应汇总单上相应地方。如果一个条目没有评分,就填写"观察和访谈都未发现"。在每一张汇总单的底部,评价者计算没有打分的条目数量,并从条目总数中相应减去,以计算实际评价的条目数量。总分和平均分可以整体计算,也可以分班级层面和机构层面计算,还可以分 7 个领域进行计算;可以手动计算,也可以通过电脑计算,用合适的统计程序分析数据。

第二部分
《学前教育机构质量评价系统》(PQA)
表 A: 班级层面

机构 / 评价者信息

机构信息

名称：_____

地址：_____

电话：_____

所观察班级：_____

机构主管或联系人

姓名：_____

职位 / 头衔：_____

电话：_____

电子邮箱：_____

班级工作人员

主管 / 主班教师姓名：_____

配班教师姓名：_____

教师助理或助手姓名：_____

其他工作人员或志愿者：

　　　姓名：_____职位 / 头衔：_____

　　　姓名：_____职位 / 头衔：_____

　　　姓名：_____职位 / 头衔：_____

幼儿

人数：_____年龄范围：_____

服务时间（请打"✓"）

周一　　周二　　周三　　周四　　周五　　周六　　周日

入园时间：　　　　　离园时间：

评价者信息

姓名：_____

单位：_____

职位 / 头衔：_____

电话：_____

电子邮箱：_____

评价开展情况

观察开始的日期 / 时间：_____

观察结束的日期 / 时间：_____

访谈开始的日期 / 时间：_____

访谈结束的日期 / 时间：_____

对于在本机构实施《学前教育机构质量评价系统》(PQA）的意见或建议：

_____

_____

_____

_____

_____

　　　　评价者签名：_____　日期：_____

《学前教育机构质量评价系统》（PQA）表 A 条目

I. 学习环境

A. 安全而健康的环境

B. 明确划分的兴趣区

C. 科学设置兴趣区

D. 户外空间、设备和材料

E. 有组织和标识的材料

F. 多种多样的开放性材料

G. 充足的材料

H. 多样化的材料

I. 展示幼儿的作品

II. 一日常规

A. 固定的一日流程

B. 一日流程的环节

C. 一日流程各环节时间分配合理

D. 幼儿计划时间

E. 幼儿自发活动时间

F. 幼儿回顾时间

G. 小组活动时间

H. 大组活动时间

I. 过渡时间的选择

J. 清理时间允许合理选择

K. 餐点时间

L. 户外活动时间

III. 成人—幼儿互动

A. 满足基本的生理需求

B. 处理与家人的分离焦虑

C. 温暖关爱的氛围

D. 支持幼儿的交流

E. 支持母语非英语的幼儿

F. 成人以伙伴身份参与游戏

G. 鼓励幼儿的主动性

H. 在集体活动时间支持幼儿学习

I. 幼儿探索的机会

J. 认可幼儿的努力

K. 鼓励同伴互动

L. 独立解决问题

M. 冲突解决

IV. 课程计划和评价

A. 课程模式

B. 协作教学

C. 全面的幼儿记录

D. 教师记录逸事

E. 幼儿观察评价工具的运用

评 分 规 则

第一步

> 根据情况观察或访谈。"学习环境""一日常规""成人—幼儿互动"主要依靠观察，其他主要依靠访谈。在每一行（子条目）最后的空白处记录支持性证据。

你所看到的、听到的和记录的将为你在第三步确定质量等级提供证据。多数证据来源于你的直接观察，但有时你需要访谈机构工作人员（如教师、教育专家和主管）以获得额外信息。使用问题引出需要的信息。帮助你选择指标水平的支持性证据可包含以下内容。

- 逸事：简短记录幼儿或工作人员实际做了什么或交流了什么。
- 引述：幼儿和 / 或工作人员实际说了什么。
- 材料清单。
- 关于房间、空间、区域和 / 或户外游戏场地的图表和标记。
- 一日活动顺序或常规。
- 对问题的回答（注意问题的特定用词）。

第二步

> 阅读每一行指标。每行勾选一格。

一旦收集了支持性证据，阅读条目下面的每一行指标。基于你在第一步收集的证据，在每行指标的 3 个方格（1、3、5）中选一个（且只能选一个）画"√"。尽量完成每行指标。如果需要，访谈机构工作人员以获得额外信息。如果指标不适用（如只开放半天的学前教育机构没有午睡时间），那就在这一行进行标记，不要勾画这一行的任一方格。

第三步

确定质量等级。在右上角圈出相应的水平。

根据下面的标准确定每个条目的质量等级。

对于有 3 行或 3 行以上的条目

水平 1：一半或一半以上的行选择了水平 1（即使有的行可能选了水平 3 或水平 5）。

水平 2：不到一半的行选择了水平 1，其他行选择了水平 3 或水平 5。

水平 3：一半或一半以上的行选择了水平 3，并且没有任何行选择了水平 1。

水平 4：不到一半的行选择了水平 3，其余各行均选择了水平 5。

水平 5：所有行都选择了水平 5，而且没有任何行选择了水平 1 或水平 3。

对于仅有两行的条目

水平 1：两行均选择了水平 1。

水平 2：一行选择了水平 1，另一行选择了水平 3 或水平 5。

水平 3：两行均选择了水平 3。

水平 4：一行选择了水平 3，另一行选择了水平 5。

水平 5：两行均选择了水平 5。

如果某行（子条目）各选项都"不适用"，或不能被观察到，亦不能通过访谈而决定，那么评分时只依据该条目已经评分的行。只有当该条目下没有任何一行完成了评分时，才能在汇总单上填写"观察和访谈都未发现"。

I. 学习环境

I–A. 教室应为幼儿提供安全且健康的环境。

根据评分规则圈出本条目的水平。

1　2　3　4　5

☐如果观察和访谈都未发现，请在此打钩。

	水平 1 指标	水平 3 指标	水平 5 指标	支持性证据 / 逸事
第一行	☐教室空间拥挤，幼儿和成人（个人或集体）无法自由地移动、游戏和工作。	☐部分教室空间允许幼儿和成人（个人或集体）自由移动、游戏和工作。	☐教室空间充足（幼儿人均可使用面积即用总面积除以所能承载的最大幼儿人数，至少 4.6 平方米①），允许幼儿和成人（个人或集体）自由地移动、游戏和工作。	
第二行	☐存在安全或健康隐患。 例： ·玩具有破损。 ·地面有污渍。 ·洗手间不卫生。 ·插座未遮盖。	☐存在些微的安全和健康问题。 例： ·玩具或地板脏。 ·家具摇摇晃晃。	☐房间没有任何健康和安全隐患。	

---

① 原文为 50 平方英尺，约为 4.6 平方米。为便于读者理解，本书均进行了换算。——译者注

	水平 1 指标	水平 3 指标	水平 5 指标	支持性证据 / 逸事
第三行	□教室通风、照明或温度调节条件差。	□教室有时候通风、照明或温度调节条件充足。	□教室通风和照明充足；舒适的温度可以全天持续保持。 例： · 有独立的恒温器。 · 可以打开窗户和门以调节屋内温度。 · 窗帘可以用来调节光线和空气。	
第四行	□教室被用来储藏用不着的材料（如坏的或废弃的设备）。	□一些用不着的材料存放在教室的部分区域。	□用不着的材料存放在教室以外的空间里。	
第五行	□教室里没有急救包。	□教室里有可用的急救包。	□教室里有急救包，并且方便拿取。	问题：你们有急救包吗? 放在哪里?
第六行	□未张贴安全疏散计划。	□张贴了安全疏散计划。	□明显的位置张贴了清晰的安全疏散计划。	

I. 学习环境

I-B. 教室按兴趣区（如建构或积木区、娃娃家、艺术区、玩具区、图书区、沙水区）分隔开来，反映幼儿游戏和发展的基本方面。

根据评分规则圈出本条目的水平。

1 2 3 4 5

□如果观察和访谈都未发现，请在此打钩。

	水平 1 指标	水平 3 指标	水平 5 指标	支持性证据/逸事
第一行	□空间未按兴趣区分隔。	□部分空间分隔成兴趣区（如积木区和娃娃家）。	□空间分隔成各兴趣区（积木区、娃娃家、艺术区、图书区、玩具区等）。	
第二行	□兴趣区未被划定或不明显。	□部分兴趣区被清晰划定（如利用高和矮的架子、大型家具）。	□所有兴趣区都被清晰划定并有明确的标记。	
第三行	□兴趣区未命名，并且/或者所有的区域使用抽象的名字（如操控区、科学区），幼儿不容易理解。	□部分兴趣区有名称，且易于幼儿理解。	□所有兴趣区均有名称（如玩具区、娃娃家、图书区）且易于幼儿理解。	
第四行	□教师和幼儿不提兴趣区的名称。	□教师和幼儿有时会提到兴趣区的名称。	□教师和幼儿经常提到兴趣区的名称。	

I. 学习环境

I-C. 兴趣区的位置经过精心设计，保证每个区域都拥有足够的空间，区域之间方便走动，活动相关的区域相邻。

（注意：若 I-B 被评定为"1"即空间未被划分或兴趣区未被划定，则 I-C 必须同样评定为"1"）

根据评分规则圈出本条目的水平。

1　　2　　3　　4　　5

□如果观察和访谈都未发现，请在此打钩。

	水平 1 指标	水平 3 指标	水平 5 指标	支持性证据 / 逸事
第一行	□兴趣区的位置设计阻碍了通行和游戏。	□部分兴趣区的位置设计允许幼儿从一个区域自由移动到另一个区域。	□所有兴趣区的位置设计都允许幼儿从一个区域自由移动到另一个区域。	
第二行	□高大的家具、架子或者隔断导致幼儿和成人看不到别的兴趣区。	□有部分家具、架子和隔断低矮，幼儿和成人可以看到别的部分兴趣区。	□低矮的家具、架子和隔断让幼儿和成人可以看到任一兴趣区。	
第三行	□兴趣区空间不充足，限制了可容纳幼儿的数量。	□部分兴趣区拥有足够的空间，供多名幼儿同时游戏。	□每个兴趣区均拥有足够的空间，供多名幼儿同时游戏。	
第四行	□相关活动的兴趣区之间不相邻。 例： · 美术区离水池和盥洗室较远。	□部分有相关活动的兴趣区之间是相邻的。 例： · 积木区靠近娃娃家。	□有相关活动的兴趣区之间是相邻的。 例： · 积木区靠近娃娃家。 · 美术区靠近水池或盥洗室。	

I. 学习环境

I–D. 户外游戏区域（在幼儿园里或不远处）提供足够的空间、器材，以支持多种类型的游戏。

(注意：当出现极端天气或出于安全的考虑，不能使用常规户外游戏场地时，一个宽敞且开放的室内空间如健身房可作为替代场所)

根据评分规则圈出本条目的水平。

1　2　3　4　5

☐如果观察和访谈都未发现，请在此打钩。

	水平1指标	水平3指标	水平5指标	支持性证据/逸事
第一行	☐没有户外游戏区域。	☐附近有一个户外游戏区域（如社区运动场）。	☐从室内空间能轻松进入户外游戏区域。	
第二行	☐从未使用过户外游戏区（或替代性的"宽敞且开放的室内空间"）。	☐有时使用户外游戏区（或替代性的"宽敞且开放的室内空间"）。当室外区域可以使用时，有时仍会使用室内区域。	☐经常使用户外游戏区（或替代性的"宽敞且开放的室内空间"）；当户外区域可以使用时，不再使用室内区域。	
第三行	☐户外游戏区域空间有限，每名幼儿可使用的面积低于3.3平方米。	☐户外游戏区域空间有限，每名幼儿可使用面积介于3.3平方米和9.2平方米之间。	☐户外游戏区空间充足，每名幼儿可使用面积至少有9.2平方米。	

	水平1指标	水平3指标	水平5指标	支持性证据/逸事
第四行	□户外游戏区域存在安全和健康隐患。 例： ・设备损坏。 ・有垃圾。 ・缓冲地面不够。	□户外游戏区域存在些微安全和健康隐患。 例： ・自行车摇摇晃晃。 ・秋千生锈。	□户外游戏区域不存在任何安全和健康隐患。	
第五行	□没有任何户外游戏材料或器材。	□户外游戏区域的空间、器材允许开展部分类型的室外游戏（如攀爬、荡秋千和奔跑）。	□户外游戏区域包括固定的和可移动的器材（如三轮车、雪橇、球、攀爬架、石头、箱子、水桶、粉笔、围巾、刷子），满足多种类型的游戏。	

I.学习环境

I-E.教室的活动区域和材料经过系统安排和标识，并且方便幼儿取放。

根据评分规则圈出本条目的水平。

1　　2　　3　　4　　5

☐如果观察和访谈都未发现，请在此打钩。

	水平1指标	水平3指标	水平5指标	支持性证据/逸事
第一行	☐教室内的材料未按任何可辨别的体系放置。	☐在一些区域，同类的材料放在一起。 例： · 积木和纸张按照尺寸和/或颜色分组放置。	☐在所有区域，材料按照功能或类型分组放置。 例： · 用来固定的材料，如胶带、订书机和夹子放在一起。 · 用来搭建的材料，如单元积木、拼插积木和纸板积木放在一起。	
第二行	☐兴趣区和材料没有标识。	☐部分兴趣区和材料有标识。	☐所有兴趣区和材料都有标识。	
第三行	☐没有标识，或仅有一种类型的标识。	☐有两种类型的标识。	☐标识有很多类型且易于幼儿理解（如图画、照片、实物和单词）。	
第四行	☐幼儿够不着材料，或材料通常是由成人拿出来的。	☐幼儿可以在没有成人的帮助下，拿取部分（安全的）材料。	☐幼儿可以在没有成人的帮助下，拿取（安全的）材料。	

I. 学习环境

I-F. 教室材料多种多样，具有操作性、开放性、真实性，能够吸引幼儿多种感官（视觉、听觉、触觉、嗅觉和味觉）参与。

根据评分规则圈出本条目的水平。

1   2   3   4   5

☐ 如果观察和访谈都未发现，请在此打钩。

	水平 1 指标	水平 3 指标	水平 5 指标	支持性证据 / 逸事
第一行	☐大部分兴趣区里的大部分材料（如剪贴画、作业单、涂色书以及购买的商业玩具——麦当劳的人偶）只能得到既定的结果。	☐在部分兴趣区可见部分开放性材料（如箱子、纸、珠子和颜料）。	☐所有兴趣区的材料大部分为开放性的（如积木、图书、沙、水、软木、玩偶、围巾、玩具车、颜料和贝壳）。	
第二行	☐任何区域均未提供操作性材料。	☐部分区域提供了部分操作性材料。	☐所有区域均提供了多种操作性材料。	
第三行	☐很多玩具复制品替代了"真实的"物品。 **例：** · 玩具盘子和杯子代替真实餐具。 · 小的塑料工具代替真实工具。	☐材料里有部分玩具复制品（如玩具计数器、玩具扫帚)替代了"真实的"物品。	☐材料很多是"真实"物品，而非玩具替代品（如狗的餐盘、消防队员的长靴、方向盘、园艺工具、手提箱、公文包、壶和锅、锤子和锯子、电话）。	

	水平1指标	水平3指标	水平5指标	支持性证据/逸事
第四行	□很多材料并不能吸引所有感官（视觉、听觉、味觉、触觉和嗅觉）。	□部分材料（如填充动物玩偶、乐器、橡皮泥）能吸引多种感官。	□很多材料能吸引多种感官，且同时包括自然材料和人造材料。 **例：** · 材料有的坚硬，有的柔软。 · 有多种口味的点心。 · 有用木头、布、金属、纸或液体制成的不同物品。	

I. 学习环境

I-G. 材料充足。

根据评分规则圈出本条目的水平。

1   2   3   4   5

□如果观察和访谈都未发现，请在此打钩。

	水平 1 指标	水平 3 指标	水平 5 指标	支持性证据 / 逸事
第一行	□任何或所有区域的材料数量有限。	□所有区域至少有一定数量的材料。	□所有区域的材料都很丰富。	
第二行	□材料都只有一套，没有多套。	□有部分材料提供了多套，可满足多名幼儿在同一时间玩。	□很多材料都有多套，可满足多名幼儿在同一时间玩。	

I. 学习环境

I-H. 材料反映人类的多样性，反映幼儿家庭和社区文化的积极方面。

根据评分规则圈出本条目的水平。

1　2　3　4　5

□如果观察和访谈都未发现，请在此打钩。

	水平 1 指标	水平 3 指标	水平 5 指标	支持性证据 / 逸事
第一行	□材料并不能反映家庭和社区的文化或者班上幼儿的特殊需要。	□材料可以反映家庭和社区的文化，以及 / 或者班上部分幼儿的特殊需要。	□材料可以反映家庭和社区的文化，以及班上幼儿的特殊需要（如家人的照片、烹饪器皿、音乐、工作服和工具、眼镜）。	问题：你班上或周围社区中的幼儿体现了哪些文化和背景（如工作、兴趣、爱好）？
第二行	□材料反映文化和性别的刻板印象。	□部分材料强化了文化和性别的刻板印象。	□材料反映的是非刻板的角色模式和文化。 例： · 图画书上有女医生和正在做家务的男人。 · 装扮区有不同职业服装供所有幼儿选择。 · 木工和烹饪器具可供不同性别成人和幼儿使用。 · 故事、玩具和计算机软件中的专业人员有的是少数民族。	

续表

	水平 1 指标	水平 3 指标	水平 5 指标	支持性证据 / 逸事
第三行	□材料仅能反映一种文化。	□教室中有部分体现多元文化的材料。	□教室中融合了体现多元文化的材料。 例: · 装扮区有其他国家人民的日常服装和节日服装。 · 来自不同文化和宗教的食物作为点心,或展示在娃娃家中。 · 有反映不同时期和地域特色的音乐、图书和乐器。 · 利用不同媒介再现来自不同国家的艺术品。	

I. 学习环境

I-I. 展示幼儿的作品（幼儿自己设计和创作的作品）。

（注意：这不是指粘贴在教室某个区域给教师和家长看的信息）

根据评分规则圈出本条目的水平。

1   2   3   4   5

□如果观察和访谈都未发现，请在此打钩。

	水平 1 指标	水平 3 指标	水平 5 指标	支持性证据 / 逸事
第一行	□没有展示幼儿的作品。	□有时展示幼儿的作品。	□展示幼儿的各种作品（如幼儿的艺术作品、幼儿搭的积木的照片）。	
第二行	□展示的幼儿作品源于成人的想法或者是对成人作品的模仿。	□部分展示作品源自幼儿兴趣和想法。	□所有展示作品都是源自幼儿兴趣和想法。	
第三行	□大部分展示物都是成人制作的或商业化生产的（如日历、有关刷牙或防火安全的海报）。	□部分成人制作的展示物反映或描述了幼儿的兴趣和经验。	□成人制作的展示物总是反映或描述幼儿的兴趣和经验（如关于幼儿室内活动或幼儿家庭成员的图片或照片）。	

请在这里画一画教室空间安排的草图

II. 一日常规

II-A. 成人建立固定的一日生活流程。幼儿清楚这个流程。

根据评分规则圈出本条目的水平。

1　2　3　4　5

☐如果观察和访谈都未发现，请在此打钩。

	水平1指标	水平3指标	水平5指标	支持性证据/逸事
第一行	☐成人和幼儿没有遵循固定的一日常规或者活动顺序。	☐成人和幼儿有时遵循固定的一日常规或活动顺序。	☐成人和幼儿总是遵循一日常规或活动顺序。成人会让幼儿提前知道变动（如外出活动，有特殊来客）。	
第二行	☐成人和幼儿不提及一日生活各环节的名称。	☐成人和幼儿有时提及一日生活各环节的名称。	☐成人和幼儿经常提及一日生活各环节的名称。	
第三行	☐幼儿不了解活动的顺序或本质，并且依赖成人告诉他们下一步怎么做。	☐幼儿有时会意识到有一个相对固定的一日常规。 **例:** · 幼儿知道在一天的某个时间点进行户外活动或吃午餐。	☐幼儿完全知晓一日常规并且能够预测接下来的活动。 **例:** · 幼儿说出一日生活中的某个环节。 · 幼儿自主过渡到下一个环节，讨论接下来的活动。	

II. 一日常规

II–B. 一日常规包括以下活动时间：制订计划，实施计划，回顾和讨论自己的活动，小组活动，大组活动，进餐，清理，过渡活动，户外游戏，午睡或休息（如果是全日制机构）。

根据评分规则圈出本条目的水平。

1　2　3　4　5

□如果观察和访谈都未发现，请在此打钩。

	水平 1 指标	水平 3 指标	水平 5 指标	支持性证据 / 逸事
第一行	□未张贴一日常规。	□教师和父母可以看到张贴的一日常规，但是幼儿看不到。 例： · 一日常规张贴在家长公告栏。	□教师和父母可以看到张贴的一日常规，同时幼儿也可以看到，并且容易理解。 例： · 利用图画或文字呈现一日流程各环节。	
第二行	□上面所列出的活动不是每日活动的常规组成部分。	□上面所列出的部分活动是一日常规的组成部分。	□上面所列出的所有活动均是一日常规的组成部分。	

II. 一日常规

II–C. 一日常规中各个环节的时间分配合理。

根据评分规则圈出本条目的水平。

1　2　3　4　5

☐如果观察和访谈都未发现，请在此打钩。

	水平 1 指标	水平 3 指标	水平 5 指标	支持性证据 / 逸事
第一行	☐一天中大部分环节，要么时间过少，要么时间过多（如没有足够的时间实践幼儿提出的想法；太多的时间用在成人发起的活动上）。	☐一天当中某些环节的时间长度合适。	☐一天当中各环节的时间长度都合适。	
第二行	☐由于活动环节的时间安排问题，幼儿经常表现得仓促、沮丧、厌倦或者没有耐心。	☐在一天当中某些环节，幼儿有时能够非常积极地参与或者表现出专注。	☐在一天各个环节的活动中，幼儿都能够非常积极地参与并且表现出专注。	

II. 一日常规

II–D. 每天都有时间供幼儿制订计划并向成人表述他们的计划。

(注意: 如果预留了计划时间但没有实际观察到, 记为水平1)

根据评分规则圈出本条目的水平。

1   2   3   4   5

□如果观察和访谈都未发现, 请在此打钩。

	水平 1 指标	水平 3 指标	水平 5 指标	支持性证据 / 逸事
第一行	□没有为幼儿留出制订计划或向成人表述计划的时间。	□偶尔为幼儿留出制订计划或向成人表述计划的时间。	□总是为幼儿留出制订计划或向成人表述计划的时间。	
第二行	□成人计划并指导每天的活动。 例: · 成人告知幼儿在哪里游戏, 利用什么材料, 或者完成什么活动。 · 成人关闭某些活动区域。	□成人用机械的方法或者惯用策略来制订计划。 例: · 幼儿总是口述他们的方案或者成人总是写下幼儿的计划。	□成人用一系列的策略来支持幼儿做计划。 例: · 利用道具、区域标志、录音机。 · 允许幼儿独自一人、两两或分小组制订计划。	

续表

	水平 1 指标	水平 3 指标	水平 5 指标	支持性证据 / 逸事
第三行	□当幼儿用与他们发展水平相符的方式表述计划时，成人并不给予鼓励或认可。	□成人有时会鼓励幼儿用与他们发展水平相符的方式制订计划。	□成人鼓励幼儿用与他们发展水平相符的方式制订计划。 **例：** · 幼儿用手指或将物品挪至计划桌上。 · 幼儿来到所选区域。 · 幼儿表演想做的事情、画图、列出口头或书面计划。	
第四行	□成人为幼儿指定游戏活动的区域，并且 / 或者由成人选择活动所需要的材料。	□部分幼儿制订计划时可以利用部分区域和材料。 **例：** · 每个区域仅允许特定数量的幼儿在其中活动。 · 宣布："积木区今天关闭。""艺术区只有橡皮泥"。	□幼儿制订计划时，可以利用所有的区域和所有材料。	

II. 一日常规

II-E. 每天都有时间（如工作时间、选择时间、活动区时间、自由活动时间）供幼儿发起活动，实施自己的想法。

（注意：如果预留了发起和选择时间但没有实际观察到，记为水平1）

根据评分规则圈出本条目的水平。

1　2　3　4　5

□如果观察和访谈都未发现，请在此打钩。

	水平1指标	水平3指标	水平5指标	支持性证据/逸事
第一行	□每天没有留出时间供幼儿发起活动和实施他们的想法。	□在每天的选择时间，幼儿有时可以发起活动并实施他们的想法。 例： ·积木区仅允许4名幼儿玩耍。 ·一些区域提供预设活动。	□在每日选择时间，幼儿总是可以发起活动并实施他们的想法。	
第二行	□在选择时间，幼儿开展成人预设的活动。 例： ·成人在每个活动区都为幼儿准备好材料，如积木、蜡笔和工作单、拼图和图书。	□在选择时间，幼儿有时会开展成人预设的活动。 例： ·幼儿参加艺术区的活动。 ·幼儿离开某活动去刷牙。	□在整个选择时间内，幼儿均可以实施自己的想法和活动。 例： ·幼儿可以选择活动区域、伙伴、材料。 ·可自由发起活动并创造性地运用材料。 ·可自由更换活动。	

	水平 1 指标	水平 3 指标	水平 5 指标	支持性证据 / 逸事
第三行	□成人指导幼儿使用材料，开展活动。 例： · 所有幼儿都利用事先裁剪好的纸片制作纸花。 · 让所有幼儿用相同的词语和行动来回应成人。	□幼儿有时可以选择在哪里、如何使用材料，如何开展活动。 例： · 幼儿可在成人为其准备好的艺术活动中决定如何用纸。	□在整个选择时间，幼儿可以选择在哪里、如何使用材料以及开展活动。 例： · 幼儿可在展览架上选择各类艺术材料，用以支持他们的活动。 · 幼儿可以自由地将材料从一个区域拿到另一个区域。	

II. 一日常规	根据评分规则圈出本条目的水平。
II–F. 每天都有时间供幼儿回忆和回顾他们的活动，并与成人和同伴分享他们的成果。 （注意：如果预留了回顾时间但没有实际观察到，记为水平 1）	**1　2　3　4　5** □如果观察和访谈都未发现，请在此打钩。

	水平 1 指标	水平 3 指标	水平 5 指标	支持性证据 / 逸事
第一行	□没有留出时间供幼儿回忆或者反思他们的活动。	□有时留出时间供幼儿回忆或者反思他们的活动。	□每天都有固定的时间供幼儿回忆和反思他们的活动。	
第二行	□幼儿从不与其他人分享自己的成果。	□成人运用机械的或者惯用的策略让幼儿回忆。 **例：** · 成人总是问："你去哪儿了？"或者"你今天做什么了？"。	□成人用大量的策略鼓励幼儿回忆和分享他们的经验。 **例：** · 利用道具、区域标志、呼啦圈、录音机。 · 允许幼儿独自一人、两两或分小组回忆。	
第三行	□当幼儿以符合他们发展水平的各种方式与他人分享经验时，成人不给予鼓励或认可。	□成人有时鼓励幼儿用符合他们发展水平的各种方式来回忆。	□成人鼓励幼儿用适合他们发展水平的各种方式去回忆。 **例：** · 表演。 · 再做一遍。 · 用语言或图表示。	

II. 一日常规

II-G.每天都有时间开展反映幼儿兴趣和拓展幼儿发展的小组活动。

（注意：如果预留了小组活动时间但没有实际观察到，记为水平1）

根据评分规则圈出本条目的水平。

1   2   3   4   5

□如果观察和访谈都未发现，请在此打钩。

	水平1指标	水平3指标	水平5指标	支持性证据/逸事
第一行	□没有预留小组活动时间。	□有时留出时间进行小组活动。	□每日都会留出小组活动时间。	
第二行	□成人指导幼儿开展小组活动，幼儿不能提出自己的想法或者以符合他们发展水平的方式参与活动。 例： ·幼儿被期望用同种方式使用材料。 ·要求幼儿听从指示、回答问题或者制作同样的物品。	□在小组活动中，幼儿有时会提出自己的想法或者以符合他们发展水平的方式参与活动。 例： 幼儿被要求对一些自然材料分类，但是可以用自己的方式去分类。	□在整个小组活动过程中，幼儿提出自己的想法并且以符合他们发展水平的方式参与活动。 例： ·幼儿用自己的方式探索并使用同一组的材料。	
第三行	□小组中的成人和幼儿每次都不一样。	□成人和幼儿的分组维持1~2个月的时间不变。	□成人和幼儿的分组维持两个月及以上的时间不变。	

II. 一日常规

II–H.每天都有时间开展反映幼儿兴趣和拓展幼儿发展的大组活动。

(注意：如果预留了大组活动时间但没有实际观察到，记为水平1)

根据评分规则圈出本条目的水平。

1   2   3   4   5

☐如果观察和访谈都未发现，请在此打钩。

	水平 1 指标	水平 3 指标	水平 5 指标	支持性证据／逸事
第一行	☐没有预留大组活动时间。	☐有时留出时间进行大组活动。	☐每天都会留出大组活动时间。	
第二行	☐在指导大组活动时，成人不要求幼儿提出自己的看法或者以符合他们发展水平的方式参与活动。 例： · 所有幼儿按照要求录歌或者以相同的方式活动。	☐在大组活动中，幼儿有时提出他们自己的想法或者以符合他们发展水平的方式参与活动。 例： · 成人有时要求幼儿为传统歌曲和活动加入新的歌词和动作。	☐在整个大组活动过程中，幼儿提出自己的看法并以符合他们发展水平的方式参与活动。 例： · 每名幼儿都用他们自己的方式来活动，并尝试接受别人的想法。 · 幼儿轮流做领导者。	
第三行	☐不是所有的成人都参与大组活动。	☐有时所有成人参与大组活动。 例： · 有一位成人在清扫完地板后加入。	☐所有成人都与幼儿一起参与大组活动。	

II. 一日常规

II-I. 在过渡环节（幼儿从一个活动转移到下一个活动），幼儿可对活动和时间做出合理的选择。

根据评分规则圈出本条目的水平。

1　2　3　4　5

□如果观察和访谈都未发现，请在此打钩。

	水平 1 指标	水平 3 指标	水平 5 指标	支持性证据／逸事
第一行	□在过渡环节，幼儿没有选择的机会。 例： · 幼儿被指定座位。	□在过渡环节，幼儿有时会有一些选择的机会。 例： · 在大组活动时幼儿可选择坐在某个人的旁边。	□在过渡环节，幼儿可以做选择。 例： · 选择怎样从房间的一边移到另一边。 · 选择与谁一起。 · 选择清理哪种材料。	
第二行	□成人没有让幼儿知道过渡环节即将米临。	□成人有时让幼儿知道过渡环节即将米临。	□成人让幼儿知道过渡环节即将米临。 例： · 宣布："回顾时间结束后我们去吃点心。""还有 5 分钟我们就进去了。"	

	水平 1 指标	水平 3 指标	水平 5 指标	支持性证据 / 逸事
第三行	□一天中的各个环节不重叠；成人要求幼儿停止他们正在做的并被要求等待，直到小组每个人都为下一个活动做好了准备。 例： · 每个人必须在大组活动开始之前清理完毕。 · 每个人必须在同一时间排好队去盥洗室。	□一天中的有些环节有重叠；幼儿有时候可以选择终止上一项活动或者直接进行下一项活动，而不与组内的其他人一起。	□一天中的各个环节有重叠；幼儿可以选择终止上一项活动或者直接进行下一项活动，而不与组内的其他人一起（如并不是所有幼儿都需要在下一项活动开始之前吃完点心）。	
第四行	□成人没有为幼儿过渡的方式做计划。	□成人有时为幼儿过渡的方式做计划。 例： · 大组活动结束时，成人要求穿好鞋的幼儿先去盥洗室。	□成人为幼儿过渡的方式做计划。 例： · 依据幼儿服装的一些特征来选择幼儿进行过渡："现在所有穿着运动裤的孩子跳到衣帽架旁。" · 户外活动时间鼓励每名幼儿以自己的方式到达玩具小屋。	

II. 一日常规

II-J. 每天都有固定的清理时间，成人对幼儿提出合理的期望，幼儿可以在合理范围内选择。

（注意：如果预留了清理时间但没有实际观察到，记为水平 1）

根据评分规则圈出本条目的水平。

1   2   3   4   5

☐如果观察和访谈都未发现，请在此打钩。

	水平 1 指标	水平 3 指标	水平 5 指标	支持性证据／逸事
第一行	☐没有预留清理时间。	☐有时预留清理时间。	☐每天都会预留清理时间。	
第二行	☐成人做清理工作。	☐幼儿做清理工作。	☐成人与幼儿一起做清理工作。	
第三行	☐如果幼儿的清理工作不当，成人要求幼儿重新去做。	☐成人有时重做或改进清理工作，没有让幼儿参与（如果存在健康或安全隐患的话是允许的）。	☐在清理时，成人接纳幼儿的参与水平和技能，同时支持他们的学习。 **例：** · 成人与幼儿探讨如何做清理工作。 · 幼儿将积木装在翻斗车里再运到架子上。	
第四行	☐清理时间幼儿不能选择。	☐清理时间幼儿可以做一些选择。	☐清理时间幼儿可以做出很多选择。	

II. 一日常规

II–K. 每天都有餐点时间，鼓励幼儿进行社会交往。

（注意：如果预留了餐点时间但没有实际观察到，记为水平1）

根据评分规则圈出本条目的水平。

1 2 3 4 5

☐ 如果观察和访谈都未发现，请在此打钩。

☐ 不适用：如果机构不提供餐点，请在此打钩。

	水平1指标	水平3指标	水平5指标	支持性证据／逸事
第一行	☐ 没有预留餐点时间。	☐ 有时预留餐点时间。	☐ 每天都会预留餐点时间。	
第二行	☐ 幼儿在餐点时间没有选择。成人告诉他们怎样吃或者可以吃什么。 例： · 没有吃完蔬菜就不可以吃水果。	☐ 幼儿在餐点时间有一些选择。	☐ 幼儿在餐点时间内可以做出选择（如是否吃、吃什么、吃多少、和谁挨着坐）。	
第三行	☐ 幼儿在餐点时间不需自己动手。成人摆餐具、提供食品并清理。	☐ 在餐点时间幼儿有时需要自己动手。	☐ 幼儿在餐点时间自己动手（如倒果汁、分发餐巾纸、擦桌子）。	
第四行	☐ 成人不和幼儿一起进餐。	☐ 成人有时和幼儿一起进餐。	☐ 成人和幼儿一同进餐。	
第五行	☐ 在餐点时间成人不与幼儿互动。	☐ 在餐点时间成人有时与幼儿互动。	☐ 在餐点时间成人与幼儿互动。 例： · 成人倾听并参与幼儿的对话。	

II. 一日常规

II-L.每天都有户外活动时间,幼儿可以参与多种体育活动。

（注意：如果预留了户外活动时间但没有实际观察到，记为水平1；出现极端天气或出于安全考虑停止使用户外游戏场地时，必须有一个宽敞且开放的室内空间如体育馆作为替代性活动场所；如果观察当天由于天气不寻常或有其他特殊原因，则标注"没有观察到"）

根据评分规则圈出本条目的水平。

1　2　3　4　5

☐如果观察和访谈都未发现，请在此打钩。

	水平1指标	水平3指标	水平5指标	支持性证据/逸事
第一行	☐没有预留户外活动时间。	☐有时预留户外活动时间。	☐每天都会预留户外活动时间。	
第二行	☐在户外时间，成人指导幼儿游戏。 例： ·成人组织了一个游戏。	☐在户外时间，幼儿有时可以选择怎么玩。	☐在户外时间，幼儿有很多选择。 例： ·选择攀爬、浇水、跳、玩假装游戏。 ·选择单独一人或分小组游戏。 ·选择人造玩具或自然材料。	
第三行	☐成人监督幼儿，不加入幼儿的游戏。	☐成人监督幼儿，有时加入幼儿的游戏。	☐成人监督幼儿，同时和他们一起游戏。	

教室里张贴的一日常规	实际的一日常规

III. 成人—幼儿互动

III-A. 幼儿基本生理需求得到满足。

根据评分规则圈出本条目的水平。

1　2　3　4　5

□如果观察和访谈都未发现，请在此打钩。

	水平 1 指标	水平 3 指标	水平 5 指标	支持性证据 / 逸事
第一行	□幼儿必须等到规定时间才能上厕所。	□有时幼儿可以在需要的时候使用厕所（如幼儿等待某位成人把他们带入盥洗室）。	□需要时幼儿可以随时使用厕所。	
第二行	□幼儿衣服湿了或者脏了时成人不予更换。	□幼儿衣服湿了或者脏了时成人予以更换。	□当湿或者脏衣服让幼儿感到不舒服或者不利于健康时（如幼儿拉或尿在裤子里；冷天外出前幼儿的衬衣弄湿了），成人会予以更换。	问题：当幼儿弄湿或者弄脏衣服时，你会怎么做？
第三行	□幼儿受伤或生病时没有得到关注。	□幼儿受伤或生病时得到关注。	□幼儿受伤或生病时得到及时关注。	问题：幼儿生病或受伤时会有什么措施？

	水平 1 指标	水平 3 指标	水平 5 指标	支持性证据 / 逸事
第四行	* 如果适用 □没有提供有营养的食物（如零食是甜饮料和饼干；将推迟或者不给食物作为控制和惩罚幼儿的手段）。	* 如果适用 □有时提供有营养的食物。	* 如果适用 □提供有营养的食物（如果汁、牛奶、酸奶、全谷物饼干和水果）。	
第五行	* 如果适用 □幼儿的特殊饮食需求不被满足。	* 如果适用 □幼儿的特殊饮食需求有时会被满足。	* 如果适用 □张贴特殊饮食需求信息并予以满足。 例： · 为生病、过敏、有文化或宗教禁忌的幼儿提供替代食物。	
第六行	* 如果适用 □强制幼儿睡觉而不提供其他选择。	* 如果适用 □在睡眠时间，有时允许幼儿选择安静的活动。	* 如果适用 □在睡眠时间，允许幼儿选择安静的活动。	问题：对于休息时间不睡觉的幼儿，你会怎么做？

* 指该机构提供餐点服务，开放时间中包含了午睡时间。

III. 成人—幼儿互动

III-B. 成人对幼儿每天入园时的情绪保持敏感，并给予尊重。

根据评分规则圈出本条目的水平。

1　2　3　4　5

□如果观察和访谈都未发现，请在此打钩。

	水平1指标	水平3指标	水平5指标	支持性证据/逸事
第一行	□幼儿匆匆忙忙地与父母/监护人再见。	□有时给幼儿时间和机会与父母/监护人再见。	□成人帮助幼儿离开父母/监护人。 例： · 鼓励幼儿站在窗口摆手说"再见"。 · 幼儿从家里带来照片或其他物品。	
第二行	□因幼儿不愿意分离或哭闹而嘲笑或羞辱幼儿。 例： · 告诉幼儿要做一个"大"孩子。 · 幼儿从家里带来的东西都被拿走。	□幼儿分离时的感受有时得到成人理解。	□幼儿分离时的感受得到成人理解（如，"你看上去不高兴是因为你妈妈离开了。""你感到很沮丧是因为很不想说再见。"）。	问题：当幼儿难以离开父母或监护人时，你如何处理？
第三行	□一天开始时，幼儿还没准备好时就被催促开展活动。	□一天开始时，在活动之前，留给幼儿一些时间用以缓解分离焦虑。	□一天开始时，幼儿按照自己的节奏参与游戏。	

续表

	水平 1 指标	水平 3 指标	水平 5 指标	支持性证据 / 逸事
第四行	□不允许父母 / 监护人停留。	□允许父母 / 监护人有限时间内停留。	□鼓励父母 / 监护人停留，直到幼儿准备好与之分开。	

III. 成人—幼儿互动

III-C. 成人为幼儿创造一种温暖和充满关爱的氛围。

根据评分规则圈出本条目的水平。

1　2　3　4　5

□如果观察和访谈都未发现，请在此打钩。

	水平 1 指标	水平 3 指标	水平 5 指标	支持性证据 / 逸事
第一行	□成人与幼儿互动时，没有表现出积极的关注。	□成人与幼儿互动时，有时对一些幼儿表现出积极的关注。	□成人与幼儿互动时，表现出积极的关注（如微笑，拥抱，点头，用眼神交流，蹲下，仔细倾听、亲切交谈等）。	
第二行	□成人之间互相交谈或维持教室秩序，而不关注幼儿。	□成人有时关注幼儿。	□成人关注幼儿。	
第三行	□成人之间当着幼儿的面交流对幼儿的意见，无视幼儿的存在。	□成人有时直接向幼儿提出意见，而不是当着他们面与其他成人谈论他。	□成人直接向幼儿提出意见，而不是当着他们的面与其他成人谈论他。	
第四行	□成人有叫喊、羞辱行为，或对幼儿采用过激的语言和行为（如大呼小叫、拉扯）。	□成人有时用平静且尊重的语气与幼儿交流。	□成人用平静且尊重的语气与幼儿交流。	
第五行	□成人对心情不好的幼儿漠不关心。	□成人有时关心心情不好的幼儿。	□成人关心心情不好的幼儿。	

	水平 1 指标	水平 3 指标	水平 5 指标	支持性证据 / 逸事
第六行	□幼儿心情不好时不会去找成人。	□幼儿心情不好时，有时会去找成人。	□幼儿心情不好时，会去找成人寻求帮助、安慰和指导。	
第七行	□幼儿不直接称呼成人姓名。	□幼儿有时直接称呼成人姓名。	□幼儿直接称呼成人姓名（如，"看这里，简小姐！""史密斯先生，现在轮到你来扮演宝宝！""卡洛斯，轮到你了。"）。	

III. 成人—幼儿互动

III-D.成人用多种策略鼓励并支持幼儿的语言和交流。

根据评分规则圈出本条目的水平。

1　2　3　4　5

□如果观察和访谈都未发现，请在此打钩。

	水平 1 指标	水平 3 指标	水平 5 指标	支持性证据 / 逸事
第一行	□成人控制或者干扰和幼儿的谈话。 例： · 教训幼儿或进行测验。 · 打断、掌控、主导谈话，更改谈话主题。	□成人有时与幼儿分享谈话主导权。	□成人与幼儿分享谈话主导权。 例： · 让幼儿主动发起谈话。 · 轮流说话。 · 耐心地等待幼儿提出想法，不打断幼儿。	
第二行	□成人不观察和倾听幼儿；幼儿被要求保持安静，以听到成人或遵循指令。	□成人有时观察和倾听幼儿。	□成人始终坚持观察和倾听幼儿。 例： · 耐心等待幼儿说话，在幼儿示意说完之前保持安静。	
第三行	□成人忽视幼儿之间的交谈；成人发出指令。	□成人有时与幼儿轮流发起谈话。	□成人与幼儿轮流发起谈话。他们讨论、观察、理解并发现幼儿的想法。	

	水平1指标	水平3指标	水平5指标	支持性证据/逸事
第四行	□成人向幼儿提出过多问题，特别是封闭性的问题或者预设只有一个标准答案的问题（如，"这个圆圈是什么颜色？"）。	□成人向幼儿提出适量的问题；问题有封闭性和开放性的。	□成人单独向幼儿提出问题，问题均是开放性的（即能发现幼儿的想法以及思考过程的问题）、与幼儿正在进行的活动直接相关的。	

III. 成人—幼儿互动

III-E.成人用各种策略支持母语非英语的幼儿在教室里交流。

根据评分规则圈出本条目的水平。

1　　2　　3　　4　　5

□如果观察和访谈都未发现，请在此打钩。

	水平 1 指标	水平 3 指标	水平 5 指标	支持性证据 / 逸事
第一行	□成人不支持母语非英语的幼儿的交流。	□成人采取一些策略为母语非英语的幼儿的交流提供支持。	□成人采用许多策略为母语非英语的幼儿的交流提供支持。 例： · 用动作传达想法。 · 用图片或其他符号代表行为和物品。 · 用两种语言描述材料或活动，把幼儿非英语的表达用英语复述一遍。	
第二行	□成人不鼓励母语是英语的幼儿与母语非英语的幼儿之间的言语交流。	□成人有时鼓励母语是英语的幼儿与母语非英语的幼儿之间用言语交流。	□成人鼓励母语是英语的幼儿与母语非英语的幼儿用言语交流。 例： · 翻译并使用两种语言的词汇。 · 鼓励幼儿相互为对方描述。	

III. 成人—幼儿互动

III-F.成人以伙伴身份参与幼儿的游戏。

根据评分规则圈出本条目的水平。

1   2   3   4   5

□如果观察和访谈都未发现，请在此打钩。

	水平1指标	水平3指标	水平5指标	支持性证据／逸事
第一行	□成人不参与幼儿游戏。	□成人有时以伙伴身份参与幼儿游戏。	□成人以伙伴身份参与幼儿游戏。	
第二行	□成人不是幼儿游戏伙伴。	□成人有时以游戏伙伴身份使用一些策略参与幼儿游戏。	□成人以游戏伙伴身份，使用多种策略，参与幼儿游戏。 例： · 在加入幼儿游戏前后观察和倾听。 · 依据幼儿意见扮演角色。 · 按照幼儿提供的关于游戏内容和方向的线索参与游戏。 · 模仿幼儿。	

续表

	水平 1 指标	水平 3 指标	水平 5 指标	支持性证据/逸事
第三行	□成人试图主导幼儿的游戏。 例： · 幼儿按照成人想法玩游戏，成人告诉幼儿玩什么、怎么玩以及和谁一起玩。	□成人加入幼儿游戏之后，很快提出意见和想法，或者提出的建议超出幼儿的游戏主题。	□成人支持符合幼儿发展水平的游戏，并帮助他们丰富游戏。 例： · 为游戏增加适宜的难度。 · 为游戏的延伸提供建议。 · 保持幼儿的游戏主题不变。	

III. 成人—幼儿互动

III-G.成人在一日生活（室内和户外活动）中鼓励幼儿学习的主动性。

根据评分规则圈出本条目的水平。

1　　2　　3　　4　　5

□如果观察和访谈都未发现，请在此打钩。

	水平 1 指标	水平 3 指标	水平 5 指标	支持性证据 / 逸事
第一行	□成人不鼓励幼儿的主动性。	□成人有时使用适当方法鼓励幼儿的主动性。	□在一日生活中，成人通过多种方法坚持鼓励幼儿的想法、建议和努力。 例： · 倾听幼儿。 · 鼓励幼儿谈论他们正在做什么。 · 验证幼儿的想法并加以模仿。 · 使用幼儿的语言。 · 点评幼儿的工作。	
第二行	□成人把自己的观点强加给幼儿，并决定幼儿应该学什么和做什么。	□成人有时鼓励和支持幼儿的优点和兴趣。	□在一日生活中，成人坚持鼓励并支持幼儿的优点和兴趣。	

III. 成人—幼儿互动

III-H. 成人在集体活动时间里支持和拓展幼儿的想法和学习。

根据评分规则圈出本条目的水平。

1   2   3   4   5

□ 如果观察和访谈都未发现，请在此打钩。

	水平 1 指标	水平 3 指标	水平 5 指标	支持性证据 / 逸事
第一行	□ 成人不支持和拓展幼儿的小组活动。	□ 成人采取一些策略支持或拓展幼儿的小组活动。 例： · 提供材料之后，在需要时给予帮助。	□ 成人采用多种策略支持并拓展幼儿的小组活动。 例： · 观察幼儿做了什么。 · 走到不同幼儿身边。 · 对幼儿的言行进行评价。 · 模仿并拓展幼儿的行为，亲自使用材料。	
第二行	□ 成人不支持或拓展幼儿在大组活动中的想法和行为。	□ 成人有时采用一些策略支持幼儿在大组活动中的想法和行为。	□ 成人采用多种策略支持和拓展幼儿在大组活动中的想法和行为。 例： · 观察、倾听幼儿。 · 模仿幼儿的行为。 · 使用幼儿的语句。 · 适合幼儿身体发育水平。 · 让幼儿成为领导者。 · 遵从幼儿的建议并改正。	

III. 成人—幼儿互动

III–I. 成人为幼儿提供机会,让他们根据自己的发展水平和节奏探索与使用材料。

根据评分规则圈出本条目的水平。

1   2   3   4   5

☐如果观察和访谈都未发现,请在此打钩。

	水平 1 指标	水平 3 指标	水平 5 指标	支持性证据 / 逸事
第一行	☐成人期望幼儿用相同的方式使用材料。 例: · 成人举着字母、颜料或形状,期望所有幼儿都能认识它们。 · 所有幼儿都必须以同样的方式制作一个作品。	☐成人有时会鼓励幼儿按自己的发展水平和节奏来探索和使用材料。	☐成人鼓励幼儿按自己的发展水平和节奏来探索和使用材料。 例: · 在小组活动时间,成人鼓励幼儿探索并使用材料做自己想做的东西。 · 在大组活动时间,鼓励幼儿跟着音乐创编自己的舞步。	
第二行	☐成人不鼓励幼儿用自己独特或不同寻常的方式使用材料(如,"那些珠子是用来串一起的,不用作娃娃家的食物。")。	☐成人有时会鼓励幼儿用自己独特的方式来使用材料。	☐成人鼓励幼儿以自己独特的方式使用材料。	

	水平 1 指标	水平 3 指标	水平 5 指标	支持性证据 / 逸事
第三行	□成人不鼓励幼儿重复一项活动。	□当幼儿选择重复一项活动时，成人有时会给予支持。	□当幼儿选择重复一项活动时，成人会给予支持（如不会让他们去尝试其他事情）。	

III. 成人—幼儿互动

III-J.成人认可每一名幼儿的成就。

根据评分规则圈出本条目的水平。

1   2   3   4   5

☐如果观察和访谈都未发现，请在此打钩。

	水平 1 指标	水平 3 指标	水平 5 指标	支持性证据 / 逸事
第一行	☐成人表扬幼儿的成就（"每个人都清理得很棒!""我很喜欢你们安静坐着的样子。"）。	☐成人有时表扬幼儿的成果。	☐成人不表扬幼儿。	
第二行	☐成人对幼儿的成果给予奖励，如一些标记、贴画或其他奖品。	☐成人有时对幼儿的成果给予奖励，如一些标记、贴画或其他奖品。	☐成人不对幼儿的成就进行物质奖励。	
第三行	☐成人不采用鼓励这种方式来认可幼儿的努力和想法。	☐成人有时采用鼓励这种方式来认可幼儿的努力和想法。	☐成人通过鼓励这种方式来认可幼儿个人的努力和想法。 例: · 重复幼儿的想法。 · 对幼儿的行为进行评价。 · 让幼儿评价自己的作品和努力。	

III. 成人—幼儿互动

III–K.成人在一日生活中鼓励幼儿之间互动并彼此寻求帮助。

根据评分规则圈出本条目的水平。

1 2 3 4 5

□如果观察和访谈都未发现，请在此打钩。

	水平1指标	水平3指标	水平5指标	支持性证据/逸事
第一行	□成人不鼓励幼儿互相交流和沟通。	□成人有时鼓励幼儿互相交流和沟通。	□成人经常鼓励幼儿以符合自己发展水平的方式进行互动和交流。	
第二行	□成人禁止幼儿互动。 例： ·告诉幼儿做自己的事情，在吃饭或故事时间不许幼儿交谈。	□成人有时鼓励幼儿进行合作游戏。 例： ·制定一些分享或轮流做事的规则。 ·告诉幼儿要学会合作、友好相处。	□成人创造多种机会，让幼儿互相交流和接触；成人寻找并支持幼儿自发的合作。	

III. 成人—幼儿互动

III–L.幼儿有机会运用材料解决问题,为自己做事。

根据评分规则圈出本条目的水平。

1   2   3   4   5

□如果观察和访谈都未发现,请在此打钩。

	水平 1 指标	水平 3 指标	水平 5 指标	支持性证据 / 逸事
第一行	□成人不允许幼儿为自己做事(如穿衣、倒果汁、更换画纸)。	□成人有时鼓励幼儿为自己做事。	□成人鼓励幼儿为自己做事。	
第二行	□成人为幼儿解决问题。 例: · 擦掉洒出来的食物,让一堆积木保持平衡。	□成人有时支持幼儿运用材料自行解决问题。 例: · 先让幼儿自己尝试解决问题,随后成人再提供解决方案。	□成人支持幼儿运用材料自行解决问题。 例: · 当公告板上没有空间时,幼儿可以把图片挂在门上。	

III. 成人—幼儿互动

III-M. 成人让幼儿自己解决冲突。

根据评分规则圈出本条目的水平。

1　2　3　4　5

☐如果观察和访谈都未发现，请在此打钩。

	水平 1 指标	水平 3 指标	水平 5 指标	支持性证据 / 逸事
第一行	☐在幼儿发生冲突时，成人对幼儿进行羞辱、训斥以及/或者惩罚。	☐成人对发生冲突的幼儿进行行为或道德上的评论。	☐成人采用客观公正的方式对待幼儿的冲突问题。	
第二行	☐成人不对冲突进行调解。	☐成人在一定程度上对冲突进行调解。	☐在解决问题前，成人先调解冲突。 例： · 平静地走向幼儿并阻止一切伤害行为。 · 认同、理解幼儿的感受。	
第三行	☐成人在没有幼儿参与的情况下判断问题所在，或者根本不指明问题。	☐成人根据幼儿提供的一些证据来陈述问题所在（如，"是你从她那里拿走的吗？"）。	☐成人让幼儿参与厘清问题的过程。 例： · 从幼儿那里收集所需信息（发生了什么，是什么使幼儿难过）。 · 重新陈述问题。	

	水平 1 指标	水平 3 指标	水平 5 指标	支持性证据 / 逸事
第四行	□成人解决问题时不容幼儿解释。	□成人有时运用他们自己的想法决定冲突的解决方案。	□成人让幼儿参与寻找并选择问题解决方案的过程。 例： · 询问幼儿解决方法并鼓励他们共同选择一个方法。 · 当幼儿实施他们的决定时，准备好为其提供后续支持。	

IV. 课程计划和评价

IV–A. 教师使用综合的、有文本记载的课程模式或教育方法来指导教学实践。

根据评分规则圈出本条目的水平。

1 2 3 4 5

☐如果观察和访谈都未发现，请在此打钩。

	水平1指标	水平3指标	水平5指标	支持性证据/逸事
第一行	☐教师没有使用一种可被识别的教育模式或方法。	☐教师有时使用一种或多种可被识别的教育模式或方法。	☐教师始终使用一种综合教育模式或方法。	问题：你使用某一种或几种课程模式吗？（如果是）是哪一种（哪几种）课程模式？
第二行	☐对课程模式的各部分都没有记载。	☐对课程模式的有些部分有记载。	☐课程模式的各部分都有记载。	问题：课程模式是否以某种形式记录或形成文本？（如果是）课程的哪些部分被记录下来了？
第三行	☐教学没有基于理论、研究或被证实的实践。	☐课程的有些部分基于理论、研究或被证实的实践。	☐课程的各部分都基于理论、研究或被证实的实践。	
第四行	☐没有书面的课程声明来阐述机构的实践和幼儿发展目标的理论依据。	☐书面的课程声明阐述了机构的实践和幼儿发展目标的部分理论基础。	☐书面的课程声明阐述了机构的实践和幼儿发展目标的理论基础。	

IV. 课程计划和评价

IV-B. 教师用协作教学模式来分担计划和实施课程的责任。

根据评分规则圈出本条目的水平。

1   2   3   4   5

□如果观察和访谈都未发现，请在此打钩。

	水平 1 指标	水平 3 指标	水平 5 指标	支持性证据 / 逸事
第一行	□教师没有固定的计划时间。	□教师每周有一两次协作计划时间。	□教师每天都会一起讨论并制订第二天的计划。	问题：教师有固定的时间制订计划吗？（如果有）在什么时间？多久一次？
第二行	□主班教师计划所有的活动。	□主班教师有时和教学团队的其他成员共同计划活动。	□教学团队的每个成员平等地参与活动计划。	问题：谁负责活动计划？
第三行	□配班教师和其他辅助人员负责次要的非教学工作（如擦桌子、准备材料）。	□配班教师和其他辅助人员有时指导和 / 或参与幼儿的活动。	□教学团队的每个成员都指导和参与幼儿的活动。	

IV. 课程计划和评价

IV-C. 教师坚持对每一名幼儿及其家庭进行记录。

· 幼儿姓名和生日、父母或监护人的姓名、家庭住址和电话号码。

· 幼儿免疫记录、健康和疾病情况、意外事故报告。

· 幼儿发展评价。

· 家访记录、家长/教师会议记录。

· 家庭目标、相关的专业服务机构以及后续跟踪。

根据评分规则圈出本条目的水平。

1   2   3   4   5

☐如果观察和访谈都未发现，请在此打钩。

	水平1指标	水平3指标	水平5指标	支持性证据/逸事
第一行	☐教师没有坚持对机构中的幼儿和家长进行系统记录。	☐教师对机构中的幼儿和家长有一定的记录。	☐教师坚持对机构中的幼儿和家长进行系统和全面的记录。	问题：教师是否坚持对幼儿和家长进行记录？（如果是）记录包含哪些信息？这些记录保存在什么地方？谁有资格查看这些记录？
第二行	☐得到授权的教师查看记录不方便。 例： · 记录储存在领导办公室或锁在其他地方。	☐得到授权的教师可以方便地查看部分记录。	☐得到授权的教师很容易查看记录。 例： · 急救卡、意外事故记录和家长/教师会议记录等存放在教室里。 · 教师和家长协调员有关于家庭目标的复印件。	

IV. 课程计划和评价

IV-D. 教师记录和讨论逸事,并据此为每名幼儿制订教学计划。

根据评分规则圈出本条目的水平。

1   2   3   4   5

□如果观察和访谈都未发现,请在此打钩。

	水平 1 指标	水平 3 指标	水平 5 指标	支持性证据 / 逸事
第一行	□教师没有为幼儿做逸事记录。	□教师有时为幼儿做逸事记录。	□教师每天记录并讨论幼儿的逸事。	问题:你会记录幼儿的行为吗?(如果会)你是怎样记录的?记录包含哪些信息?你利用这些信息为幼儿设计教学方案吗?(如果是)怎样设计的?你会和家长一起分享这些逸事吗?(如果会)怎么分享?
第二行	□记录是主观的,它们反映的是教师个人的判断而非幼儿的言行。	□记录有时是客观的。	□记录非常客观,记录了一日生活中幼儿的言行。	
第三行	□记录关注于幼儿的消极行为和不足(即幼儿不能做或做错了什么)。	□记录有时关注幼儿的强项。	□记录关注幼儿的所有强项(幼儿正在做什么)。	

	水平 1 指标	水平 3 指标	水平 5 指标	支持性证据 / 逸事
第四行	☐教师没有利用逸事记录为每名幼儿制订教学计划。	☐教师有时利用逸事记录为每名幼儿制订教学计划。	☐教师利用逸事记录为每名幼儿制订教学计划。	
第五行	☐教师没有与家长分享幼儿的逸事记录。	☐教师有时与家长分享幼儿的逸事记录。	☐教师与家长分享幼儿的逸事记录。	

IV. 课程计划和评价

IV-E. 教师定期使用被证实有一定信度和效度的幼儿观察评价工具来评价幼儿的发展进步。

根据评分规则圈出本条目的水平。

1   2   3   4   5

□如果观察和访谈都未发现，请在此打钩。

	水平 1 指标	水平 3 指标	水平 5 指标	支持性证据 / 逸事
第一行	□教师不使用幼儿观察评价工具。	□教师使用的幼儿观察测量工具没有信度和效度。	□教师使用被证明有信度和效度的幼儿观察评价工具 [如《学前儿童观察评价系统》(COR Advantage)、作品取样系统]。	问题：你使用幼儿观察评价工具吗？(如果是) 这一工具的名称是什么？你多久使用一次？
第二行	□教师不使用幼儿观察评价工具评价幼儿的发展和进步。	□教师每年使用一次幼儿观察评价工具评价幼儿的发展和进步。	□教师每年使用两次或两次以上幼儿观察评价工具评价幼儿的发展和进步。	

汇 总 单

教师姓名：_____ 机构名称：_____

评价者姓名：_____ 评价日期：_____

使用数字（1、2、3、4、5）对每个条目进行评价。如果某个条目没有评分，填写"观察和访谈都未发现"。

I. 学习环境

_____A. 安全而健康的环境

_____B. 明确划分的兴趣区

_____C. 科学设置兴趣区

_____D. 户外空间、设备和材料

_____E. 有组织和标识的材料

_____F. 多种多样的开放性材料

_____G. 充足的材料

_____H. 多样化的材料

_____I. 展示幼儿的作品

II. 一日常规

_____A. 固定的一日流程

_____B. 一日流程的环节

_____C. 一日流程各环节时间分配
合理

_____D. 幼儿计划时间

_____E. 幼儿自发活动时间

_____F. 幼儿回顾时间

_____G. 小组活动时间

_____H. 大组活动时间

_____I. 过渡时间的选择

_____J. 清理时间允许合理选择

_____K. 餐点时间

_____L. 户外活动时间

III. 成人—幼儿互动

_____A. 满足基本的生理需求

_____B. 处理与家人的分离焦虑

_____C. 温暖关爱的氛围

_____D. 支持幼儿的交流

_____E. 支持母语非英语的幼儿

_____F. 成人以伙伴身份参与游戏

_____G. 鼓励幼儿的主动性

_____H. 在集体活动时间支持幼儿
学习

_____I. 幼儿探索的机会

_____J. 认可幼儿的努力

_____K. 鼓励同伴互动

_____L. 独立解决问题

_____M. 冲突解决

IV. 课程计划和评价

_____A. 课程模式

_____B. 协作教学

_____C. 全面的幼儿记录

_____D. 教师记录逸事

_____E. 幼儿观察评价工具的运用

_____ 没有评分的班级条目数量

（标注"观察和访谈都未发现"的条目数量）

_____ 已评分的班级条目数量

（39 减去没有评分的条目数量）

_____ 班级层面的总分

（已评分的条目得分之和）

_____ 班级层面的平均分

（总得分 ÷ 已评分的条目数量）

第三部分

《学前教育机构质量评价系统》(PQA)

表 B: 机构层面 [1]

---

[1] 面向婴儿—学步儿、幼儿的教育机构适用。

机构／评价者信息

机构信息

名称：＿＿＿＿＿＿＿＿＿＿＿＿＿＿＿＿＿＿＿＿＿＿＿＿＿＿＿

地址：＿＿＿＿＿＿＿＿＿＿＿＿＿＿＿＿＿＿＿＿＿＿＿＿＿＿＿

电话：＿＿＿＿＿＿＿＿＿＿＿＿＿＿＿＿＿＿＿＿＿＿＿＿＿＿＿

机构主管或联系人

姓名：＿＿＿＿＿＿＿＿＿＿＿＿＿＿＿＿＿＿＿＿＿＿＿＿＿＿＿

职位／头衔：＿＿＿＿＿＿＿＿＿＿＿＿＿＿＿＿＿＿＿＿＿＿＿

电话：＿＿＿＿＿＿＿＿＿＿＿＿＿＿＿＿＿＿＿＿＿＿＿＿＿＿＿

电子邮箱：＿＿＿＿＿＿＿＿＿＿＿＿＿＿＿＿＿＿＿＿＿＿＿＿

幼儿

人数：＿＿＿＿＿＿＿＿＿＿＿＿＿＿＿＿＿＿＿＿＿＿＿＿＿＿＿

年龄范围：＿＿＿＿＿＿＿＿＿＿＿＿＿＿＿＿＿＿＿＿＿＿＿＿

服务时间（请打"✓"）

周一   周二   周三   周四   周五   周六   周日

入园时间：   离园时间：

评价者信息

姓名：_____

单位：_____

职位 / 头衔：_____

电话：_____

电子邮箱：_____

评价开展情况

访谈开始的日期 / 时间：_____

访谈结束的日期 / 时间：_____

对于在本机构实施《学前教育机构质量评价系统》(PQA）的意见或建议：

_____

_____

_____

_____

_____

评价者签名：_____日期：_____

《学前教育机构质量评价系统》（PQA）表 B 条目

V. 家长参与和家庭服务

A. 家长参与的机会

B. 决策委员会中有家长

C. 家长参与幼儿活动

D. 分享课程信息

E. 与家长交流

F. 家庭中的拓展学习

G. 正式的家长会

H. 诊断式 / 特殊教育服务

I. 必要的服务引介

J. 幼小衔接

VI. 员工资质和员工发展

A. 机构管理者的背景

B. 教师的背景

C. 员工接受上岗培训与监督

D. 持续的专业发展

E. 在职培训的内容和方法

F. 观察与反馈

G. 加入专业组织

VII. 机构管理

A. 机构注册

B. 保教的持续性

C. 机构评价

D. 入园以家庭为中心

E. 制度与程序

F. 残疾儿童的入学机会

G. 机构资金的充足性

评 分 规 则

第一步

访谈机构管理者或其他经验丰富的员工，在每一行（子条目）最后的空白处记录支持性证据。

你所看到、听到和记录的内容将为你在第三步确定质量等级提供证据。使用问题来引出需要的信息。帮助你选择指标水平的支持性证据可包含以下内容。

- 逸事：简短记录幼儿和／或工作人员实际做了什么和／或说了什么。
- 引述：幼儿和／或工作人员实际说了什么。
- 材料清单。
- 关于房间、空间、区域和／或户外游戏场地的图表和标记。
- 一日活动顺序或常规。
- 对问题的回答（注意问题的特定用词）。

第二步

阅读每一行的指标。每行勾选一格。

一旦收集了支持性证据，阅读条目下面的每一行指标。基于你在第一步收集的证据，在每行指标的3个方格（1、3、5）中选一个（且只能选一个）画"√"。尽量完成每行指标。注意有些指标是针对幼儿的，有一些是针对婴儿和学步儿的，但大多数指标是通用的。如果一行中的所有方格都不适用（如有些内容只针对婴儿和学步儿或只针对幼儿），那就在"不适用"方格中画"√"，并且不要勾画这一行的任一方格。然后依照第三步指出的评分标准完成评分。

第三步

确定质量等级。在表格的上方圈出相应的水平。

根据下面的标准确定每个条目的质量等级。

对于有 3 行或 3 行以上的条目

水平 1：一半或一半以上的行选择了水平 1（即使有的行可能选了水平 3 或水平 5）。

水平 2：不到一半的行选择了水平 1，其他行选择了水平 3 或水平 5。

水平 3：一半或一半以上的行选择了水平 3，并且没有任何行选择了水平 1。

水平 4：不到一半的行选择了水平 3，其余各行均选择了水平 5。

水平 5：所有行都选择了水平 5，而且没有任何行选择了水平 1 或水平 3。

对于仅有两行的条目

水平 1：两行均选择了水平 1。

水平 2：一行选择了水平 1，另一行选择了水平 3 或水平 5。

水平 3：两行均选择了水平 3。

水平 4：一行选择了水平 3，另一行选择了水平 5。

水平 5：两行均选择了水平 5。

如果某行（子条目）各选项都"不适用"，那么评分时只依据该条目已经评分的行。如果某个条目没有实际观察到，亦不能通过访谈而决定，那么就勾选"观察和访谈都未发现"，并且在汇总单上填写"观察和访谈都未发现"。

V. 家长参与和家庭服务

V-A.机构营造一种欢迎家长参与的氛围并提供多种机会让家长参与。

根据评分规则圈出本条目的水平。

1　2　3　4　5

□如果观察和访谈都未发现，请在此打钩。

	水平 1 指标	水平 3 指标	水平 5 指标	支持性证据 / 逸事
第一行	□教室里或机构没有地方供家庭成员聚在一起。 例： · 要求家长在外面等待或者把孩子放下后就离开。	□教室里或机构提供了一些地方供家庭成员聚在一起。 例： · 家长站在门口交谈。	□教室里或机构提供了一个舒适的面向家庭的场所供家庭成员聚在一起。 例： · 家庭成员和教师可以和幼儿在积木区或图书区相聚。 · 有单独的家庭中心，里面有电脑、玩具和书等。	

	水平 1 指标	水平 3 指标	水平 5 指标	支持性证据 / 逸事
第二行	□没有活动或材料帮助家长参与机构活动。	□机构提供了一些面向家长的活动或材料，帮助家长参与机构活动。	□依据家长的不同兴趣和时间限制，提供了多样化的活动或材料鼓励家长参与选择。 例： · 参加家长会、工作坊和家庭活动。 · 成为家长咨询委员会成员。 · 与教师当面讨论幼儿的进步。 · 参加机构的相关服务项目。 · 支持幼儿在家中的学习。 · 阅读家长刊物并向其投稿。	问题：你是如何鼓励家长参与的？
第三行	□机构不鼓励家长参与。	□机构有时候鼓励家长参与。	□机构鼓励家长参与。 例： · 帮忙照顾幼儿。 · 安排交通工具。 · 时间安排便于家长参与。 · 提前一天电话提醒。 · 让家长之间建立联系。	

V. 家长参与和家庭服务

V-B.机构的顾问委员会和/或决策委员会中有家长代表。

根据评分规则圈出本条目的水平。

1 2 3 4 5

□如果观察和访谈都未发现，请在此打钩。

	水平 1 指标	水平 3 指标	水平 5 指标	支持性证据 / 逸事
第一行	□机构没有顾问委员会或决策委员会。	□有顾问委员会或决策委员会，但不经常碰面。	□有顾问委员会或决策委员会，并且按照规定的日程表安排碰面。	问题：机构有顾问委员会或其他决策团体吗？（如果有）谁在委员会里？多长时间碰一次面？成员们扮演什么样的角色？
第二行	□家长不是机构顾问委员会或决策委员会的代表。	□在顾问委员会或决策委员会中有一定的家长代表。	□在顾问委员会或决策委员会中有充足的家长代表。	
第三行	□家长在机构决策中没有发言权。	□家长有时会对机构决策发表意见或进行表决。	□家长参加会议并在机构政策的制定中有发言权。	

V. 家长参与和家庭服务

V-C. 鼓励家长与幼儿一起参与机构活动。

根据评分规则圈出本条目的水平。

1　2　3　4　5

□如果观察和访谈都未发现，请在此打钩。

	水平1指标	水平3指标	水平5指标	支持性证据/逸事
第一行	□不鼓励家长在班上担任志愿者，参与实地旅行，或参加和幼儿一起的其他活动。 例： · 家长不允许在规定时间外接送孩子。 · 没有家长志愿者登记册。	□有时候邀请或鼓励家长参与幼儿的一些活动。 例： · 家长志愿者主要扮演看护者的角色。	□经常邀请或鼓励家长参与幼儿的各种活动。 例： · 家长在班上做志愿者。 · 家长在一日活动和/或护理常规中发挥积极作用。 · 家长计划并/或参与特殊事件或外出活动。 · 家长带来一些材料（如可回收物）和/或帮着制作游戏材料。	问题：你会让家长了解并参与幼儿的活动吗？（如果会）你是怎样做的？
第二行	□当家庭成员询问幼儿在园活动情况时，教师通常会回避或忽视。	□当家庭成员询问幼儿在园活动情况时，教师会积极地回应其问题。	□教师会主动联系、接触家庭成员，并主动与其交流幼儿在园活动情况。	问题：你会告知家长幼儿在园活动情况吗？（如果会）你是怎样做的？

V. 家长参与和家庭服务

V–D. 教师与家长交流有关课程及其与幼儿发展关系的信息。

根据评分规则圈出本条目的水平。

1　　2　　3　　4　　5

☐如果观察和访谈都未发现，请在此打钩。

	水平 1 指标	水平 3 指标	水平 5 指标	支持性证据 / 逸事
第一行	☐教师与家长不交流课程及其与幼儿发展关系的信息。	☐教师会提供给家长关于课程及其与幼儿发展关系的信息。 例： · 给家长寄或发信息包。 · 教师告诉家长机构是如何开展工作的。	☐教师与家长交流课程及其与幼儿发展关系的信息。 例： · 教师定期向家长发送关于机构动态的邮件或刊物并请家长反馈意见。 · 教师和家长在工作坊中进行互动。 · 教师和家长经常会就活动进行非正式的交流。 · 教师邀请家长对机构进行观察并回答家长的疑问。	问题：你会告知家长课程及其与幼儿发展的关系吗?（如果会）你是怎样做的?
第二行	☐教师不会向家长征询对机构项目及其与幼儿发展关系的意见。	☐教师有时会向家长征询对机构及其与幼儿发展关系的意见。	☐教师会向家长征询对机构及其与幼儿发展关系的意见。	问题：家长会反馈对机构及其与幼儿发展关系的意见吗?（如果会）家长是怎么做的?

	水平 1 指标	水平 3 指标	水平 5 指标	支持性证据 / 逸事
第三行	□教师几乎不与家长分享书面的幼儿观察记录。	□教师有时与家长分享书面的幼儿观察记录。	□教师定期与家长通过日记、逸事和 / 或邮件的形式交流书面的幼儿观察记录。	问题：你多久与家长分享一次书面的幼儿观察记录？

V. 家长参与和家庭服务

V-E.教师与家长建立伙伴合作关系,并且以非正式的方式交流一天的活动和幼儿的经验。

根据评分规则圈出本条目的水平。

1　2　3　4　5

☐如果观察和访谈都未发现,请在此打钩。

	水平 1 指标	水平 3 指标	水平 5 指标	支持性证据 / 逸事
第一行	☐教师和家长没有非正式交流。 例： · 忽视或回避家庭成员。 · 当家长在场时教师忙于常规事务。	☐教师和家长有时候会有非正式的交流。	☐教师和家长经常会有非正式交流以便双方及时了解幼儿的最近经历。 例： · 教师称呼家庭成员的姓名向其问好。 · 教师在家庭成员接送幼儿时与其交流。 · 教师给家长带回幼儿在园里做的作品或者鼓励家长带来幼儿在家里做的东西。 · 教师与家长通过笔记、电话、电子邮件、短信等方式进行交流。	问题：你会与家长非正式地交流幼儿的一日活动经历吗？（如果会）你是怎样做的？多久一次？

续表

	水平 1 指标	水平 3 指标	水平 5 指标	支持性证据 / 逸事
第二行	□教师很少与家长进行平等交流。 例： · 教师以一种生硬的、漫不经心的、不耐烦的或漠不关心的态度与家长交流。 · 教师忽视或回避家长。 · 当家长没在场时，教师对家长进行负面评论。	□教师有时与家长进行平等交流。 例： · 教师以一种尊敬的而非简单粗暴的或是事务式的态度与家长进行交流。	□教师每天都与家长进行平等交流。教师用一种感兴趣的、不急躁的、友好的方式，清楚而真诚地与家长交流有关机构、幼儿以及所有感兴趣的或关心的话题。 例： · 教师和家长交流关于幼儿的信息。 · 与家长交流时，教师认真地倾听，轮流发言，并且向他们提供对幼儿的观察和评价信息。 · 即使当家长不在场的时候，教师也会正面评论家长。	问题：当你与一位家长交谈时，谁会控制话语权？

	水平 1 指标	水平 3 指标	水平 5 指标	支持性证据 / 逸事
第三行	□教师与家长争夺幼儿的关注。	□教师有时鼓励家长关注他们的孩子。	□教师定期鼓励家长关注他们的孩子。 例： · 教师时刻准备着接受邀请参与亲子之间的交流。 · 教师对幼儿更喜欢父母而不是自己表示尊重。 · 幼儿离园时，鼓励幼儿直接与家长交流他们一天的生活。	问题：你会鼓励家长关注他们的孩子吗？（如果会）你会等着被邀请参与亲子之间的交流吗？ 问题：当幼儿表现出喜欢父母胜过喜欢教师时，你会怎么办？
第四行	□教师回避处理与家长的冲突并且 / 或者与家长争吵。	□教师有时会以一种非对抗的方式处理与家长的冲突。	□教师在和家长出现冲突时使用问题解决策略。 例： · 教师冷静地对待家长。 · 教师承认家长的感受。 · 教师和家长交流信息。 · 教师和家长从幼儿的视角看问题。 · 教师和家长重申问题。 · 教师和家长共同思考并且选择一种解决办法。 · 教师和家长准备好跟追踪问题的解决过程。	问题：你如何处理与家长之间的冲突？

V. 家长参与和家庭服务

V-F. 教师与家长交流如何在家里促进和拓展幼儿的学习和社会性发展。

根据评分规则圈出本条目的水平。

1   2   3   4   5

□如果观察和访谈都未发现，请在此打钩。

	水平 1 指标	水平 3 指标	水平 5 指标	支持性证据 / 逸事
第一行	□教师和家长并不就支持幼儿在家庭中的学习和社会性发展交换想法或材料。	□教师和家长有时候会就支持幼儿在家庭中的学习和社会性发展交换想法或材料。	□教师和家长就支持幼儿在家庭中的学习和社会性发展交换很多想法或材料。 例： · 交流普通家用物品的潜在教育意义。 · 讨论怎样让每天的家庭活动成为幼儿社会学习的经历。 · 讨论怎样促进幼儿语言发展。	问题：你会与家长就如何支持幼儿在家学习进行交流吗？（如果会）你是怎样做的？
第二行	□教师不会就如何支持幼儿在家的发展征询家长的意见。	□教师有时候会就如何支持幼儿在家的发展征询家长的意见。	□教师会就如何支持幼儿在家的发展征询家长的意见，并且为家长提供额外的资源。	问题：你如何向家长征询关于他们怎样支持幼儿在家的发展的意见？

V. 家长参与和家庭服务

V-G. 教师安排家访和家长会与家长分享信息，并且征询家长对机构和孩子发展的意见。

（注意：因机构出现问题而由教师或家长特别召集的会议不算）

根据评分规则圈出本条目的水平。

1　2　3　4　5

☐如果观察和访谈都未发现，请在此打钩。

	水平 1 指标	水平 3 指标	水平 5 指标	支持性证据 / 逸事
第一行	☐教师不进行家访。	☐教师在需要的时候进行家访。	☐教师对每名幼儿和他们的家庭进行家访。	问题：你会安排家访吗？（如果会）多久一次？ 问题：在家访时发生了什么？
第二行	☐教师不安排与每名幼儿的家长或监护人的会议。	☐教师每年安排一次与每名幼儿的家长或监护人的会议。	☐教师每年安排两次或两次以上与每名幼儿的家长或监护人的会议。	问题：你会安排家长—教师会议吗？（如果会）多久一次？问题：在家长会上发生了什么？
第三行	☐教师不会利用家访或家长会分享有关机构和幼儿发展的信息。	☐教师利用家访或家长会分享有关机构和幼儿发展的信息。	☐教师利用家访或家长会分享有关机构和幼儿发展的信息，并征询家长的意见。	

V. 家长参与和家庭服务

V–H.机构为有特殊需要的幼儿提供诊断和特殊教育服务。

（注意：机构可能直接提供服务或引介其他社区机构）

根据评分规则圈出本条目的水平。

1　　2　　3　　4　　5

□如果观察和访谈都未发现，请在此打钩。

	水平 1 指标	水平 3 指标	水平 5 指标	支持性证据 / 逸事
第一行	□既不为幼儿提供诊断或特殊教育服务，也没有为幼儿引介其他社区机构。	□在某些发展领域为幼儿提供诊断或特殊教育服务，或者引介其他服务。	□根据需要为疑似或已经诊断出在语言、身体、视力、听力、社会性发展（或其他方面）有障碍的幼儿提供诊断和 / 或特殊教育服务，或者引介其他服务。	问题：机构是否为幼儿提供诊断和 / 或特殊教育服务？（如果是）是何种服务？怎样提供？ 问题：机构是否为幼儿引介其他诊断和 / 或特殊教育服务？（如果是）是什么服务？是如何做到的？
第二行	□教师不为需要接受特殊教育服务的幼儿家长提供查找并获取服务的信息。	□教师为需要接受特殊教育服务的幼儿家长提供查找并获取服务的信息。	□教师与需要接受特殊教育服务的幼儿家长一起查找并获取服务的信息。	问题：如果幼儿需要特殊教育服务，机构是否帮助家长进行查找或者获取服务？（如果是）你们是如何进行的？

V. 家长参与和家庭服务

V-I. 教师引介并帮助家长获取所需要的支持性服务。

根据评分规则圈出本条目的水平。

1　2　3　4　5

□ 如果观察和访谈都未发现，请在此打钩。

	水平 1 指标	水平 3 指标	水平 5 指标	支持性证据 / 逸事
第一行	□ 教师不了解家庭的需要。	□ 教师对家庭的需要有一些了解。	□ 教师熟悉家庭的需要。 例： · 教师开展家长需求评价、家长访谈，或者其他的信息收集活动。	问题：你（或其他教师）对家庭需要的熟悉程度如何？例如，你会说"不熟悉""有些熟悉"还是"很熟悉"？ 问题：你（或其他教师）怎样收集关于家庭需要的信息？
第二行	□ 教师不了解家庭可用的社区资源。	□ 教师对家庭可用的社区资源有一些了解。	□ 教师很了解家庭可用的社区资源。 例： · 教师有一个有关服务和引介程序的资料库。 · 教师参加社区服务工作坊。	问题：你（或其他教师）对与家庭需要相关的社区资源的熟悉程度如何？例如，你会说"不熟悉""有些熟悉"还是"很熟悉"？ 问题：你（或其他教师）是如何熟悉社区资源的？

	水平 1 指标	水平 3 指标	水平 5 指标	支持性证据 / 逸事
第三行	□教师不会为家长引介服务。	□教师有时候会为家长引介服务。	□教师为家长引介需要的服务。 例： · 为家长准备小册子或其他信息。 · 教师有当地服务提供者的列表。	问题：你（或其他教师）是否为家庭引介服务，以帮助他们获取服务？
第四行	□教师不会帮助家庭获取服务。	□教师有时候会帮助家庭获取服务。	□教师会帮助家庭获取服务。 例： · 教师为家长提供文本材料，与家长分享服务提供者的信息。 · 教师会先打电话，帮忙安排家长与服务提供者见面。 · 教师帮助家庭寻找保育或查询交通信息，从而使他们可以享用社区资源。	问题：你是怎么帮助家长获取服务的？

V. 家长参与和家庭服务

V–J. 机构与社区和/或公立学校协作以促进不同年龄幼儿的平稳过渡。

根据评分规则圈出本条目的水平。

1 2 3 4 5

□如果观察和访谈都未发现，请在此打钩。

	水平1指标	水平3指标	水平5指标	支持性证据/逸事
第一行	**转移到新教室** □幼儿事先没有被告知要到新教室。 例： · 幼儿在没有被告知的情况下就到新教室。	**转移到新教室** □幼儿事先被告知要到新教室。 例： · 提前几天告诉幼儿即将去新教室。	**转移到新教室** □教师告诉幼儿要转移到新教室。 例： · 在很久之前，教师就告诉幼儿要去新教室。 · 教师告诉家长，他们的孩子要搬到新教室。	□如果没有幼儿转移到新教室，请标记"不适用"。 问题：描述一下幼儿是如何过渡到新教室的。

	水平 1 指标	水平 3 指标	水平 5 指标	支持性证据 / 逸事
第二行	**转移到新教室** □没有给幼儿时间适应新教室和新教师。 例： · 幼儿没有参观过新教室。 · 幼儿没有与新教师见过面。	**转移到新教室** □给幼儿一些时间适应新教室和新教师。 例： · 幼儿之前曾参观过一两次新教室。	**转移到新教室** □给幼儿充足的时间适应新教室和另一些教师。 例： · 幼儿经常参观新教室，和新同伴一起吃过饭。 · 去新教室之前，幼儿在自由选择时间里和新同伴一起活动。 · 幼儿见过新教师和新同伴。 · 教师欢迎家长和幼儿一起参观新教室。 · 家长见过新教师。	□如果没有幼儿转移到新教室，请标记"不适用"。 问题：给幼儿多长时间适应新教室？

续表

	水平 1 指标	水平 3 指标	水平 5 指标	支持性证据 / 逸事
第三行	一天中有一部分时间转移到其他教室中 □活动没有与幼儿每天要待部分时间的其他教室协调配合。	一天中有一部分时间转移到其他教室中 □活动有时与幼儿每天要待部分时间的其他教室协调配合。	一天中有一部分时间转移到其他教室中 □活动通常与幼儿每天要待部分时间的其他教室协调配合。 例： · 使接送时间和活动环节合拍。 · 移交幼儿的私人物品。 · 交流一日常规。 · 分享关于日常保育常规文件。	注意：本指标和下一指标适用于幼儿白天在不同机构中转换，比如在提前开端半日开放机构、日托中心或者家庭保育中心之间转换。 □如果幼儿全天都在同一教室中，请标记"不适用"。 问题：活动是否与其他教室协调配合？

	水平 1 指标	水平 3 指标	水平 5 指标	支持性证据 / 逸事
第四行	一天中有一部分时间转移到其他教室中 □教师不与家长分享其他教室的相关信息。	一天中有一部分时间转移到其他教室中 □教师有时与家长分享其他教室的相关信息。	一天中有一部分时间转移到其他教室中 □教师与家长分享其他教室的相关信息。 例: · 教师向家长提供逸事记录、健康记录或者其他信息，以便他们与其他教室中的教师进行分享。 · 如果有需要，教师会与家长和其他教室中的教师一起见面，讨论幼儿的发展并协调其他的服务。	□如果幼儿全天都在同一教室中，请标记"不适用"。 问题：是否与家长和其他教室中的教师一起分享和讨论相关信息？（如果是）又是如何做的？

续表

	水平 1 指标	水平 3 指标	水平 5 指标	支持性证据 / 逸事
第五行	**过渡到学前班** □机构活动不与社区和 / 或公立学校协调配合。	**过渡到学前班** □机构活动有时会与社区和 / 或公立学校协调配合。	**过渡到学前班** □机构活动经常会通过各种渠道与社区和 / 或公立学校合作。 **例：** · 互相介绍。 · 电话和书面联系。 · 员工参与社区咨询委员会。 · 交流有关机构目标和活动的信息。	□如果机构仅有婴儿 / 学步儿班，请标记"不适用"。 问题：机构活动是否与社区和 / 或公立学校合作，以方便相关服务提供以及 / 或幼儿过渡到学前班？（如果是）是如何做的？
第六行	**过渡到学前班** □教师没有让家长参与与社区和 / 或公立学校合作的向学前班过渡的活动。	**过渡到学前班** □教师有时让家长参与与社区和 / 或公立学校合作的向学前班过渡的活动。	**过渡到学前班** □教师与家长一起努力协调与其他社区 / 公立学校合作的向学前班过渡的活动。 **例：** · 教师向家长提供逸事记录或其他记录，以便他们与学前班教师和服务提供者进行分享。	□如果机构仅有婴儿 / 学步儿班，请标记"不适用"。 问题：家长是否参与这种协调和 / 或衔接？（如果是）是如何做的？

VI. 员工资质和员工发展

VI-A. 机构负责人受过相应的教育、培训并具有一定经验。

根据评分规则圈出本条目的水平。

1   2   3   4   5

☐如果观察和访谈都未发现，请在此打钩。

	水平 1 指标	水平 3 指标	水平 5 指标	支持性证据 / 逸事
第一行	☐机构负责人未获得早期教育或儿童发展的学士学位。	☐机构负责人拥有早期教育或儿童发展的学士学位。	☐机构负责人拥有早期教育或儿童发展（包括机构管理）的硕士学位。	问题：请描述你的受教育水平和经验，如你是否获得学位？（如果是）是什么学位？ 问题：请描述机构管理中涉及的某一课程。
第二行	☐机构负责人没有参加过与早期教育或儿童发展相关的学习或培训。	☐机构负责人参加过一些与早期教育或儿童发展相关的学习或培训。	☐机构负责人参加过两个或两个以上相关领域的学习或培训。 例： · 课程发展。 · 儿童评价。 · 家庭育儿和亲子关系。 · 机构评价。 · 机构管理。 · 员工发展。 · 早期教育政策和主张。	问题：你是否参加过儿童发展和 / 或早期教育方面的课程或培训？（如果是）是什么课程 / 培训？

续表

	水平 1 指标	水平 3 指标	水平 5 指标	支持性证据 / 逸事
第三行	□机构负责人具有一年或不足一年的相关工作经验。	□机构负责人具有 2~4 年的相关工作经验。	□机构负责人具有 5 年或 5 年以上相关工作经验。 例： · 担任幼儿教师。 · 计划和实施课程。 · 评价机构。 · 管理和培训员工。 · 与家长打交道。 · 管理机构。	问题：你有哪些与学前教育工作相关的经历？ 例： · 实施课程。 · 评价机构。 · 管理员工。 · 与家长打交道。 · 管理机构。

VI. 员工资质和员工发展

VI-B. 教师受过有关幼儿教育的培训并具有相关经验。

根据评分规则圈出本条目的水平。

1   2   3   4   5

□如果观察和访谈都未发现，请在此打钩。

	水平 1 指标	水平 3 指标	水平 5 指标	支持性证据 / 逸事
第一行	□不足一半的教师接受过相应教育。	□一半或一半以上的教师接受过相应的教育。	□所有教师均拥有在早期教育、幼儿发展或相关领域的学士学位或更高的学位，并学习过相应的课程。 例： · 幼儿教师学习过针对幼儿的课程内容；婴儿和学步儿照顾者学习过针对婴儿和学步儿的课程内容。 · 骨干照顾者达到并持有美国婴儿心理健康协会 2 级或更高级别的认证。	问题：请描述你们教师的受教育情况和培训情况。 问题：他们是否拥有学位或者证书？（如果有）是在哪些领域？

续表

	水平 1 指标	水平 3 指标	水平 5 指标	支持性证据 / 逸事
第二行	□不足一半的辅助专业人员接受过相应的教育。	□一半或一半以上的辅助专业人员接受过相应的教育。	□所有辅助专业人员均拥有幼儿发展副学士学位，或与之相当的早期教育证书，并学习过相应课程。 **例：** · 幼儿教师助理学习过针对幼儿的课程内容。 · 婴儿和学步儿教师助理学习过针对婴儿和学步儿的课程内容。 · 助理照顾者达到并持有婴儿心理健康协会 1 级或更高级别的认证。	问题：请描述你们助理教师的受教育和培训情况。 问题：他们是否拥有学位或者证书？（如果有）是在哪些领域？
第三行	□主班 / 骨干教师平均拥有一年或一年以下的相关工作经验。	□主班 / 骨干教师平均拥有 2~4 年的相关工作经验。	□主班 / 骨干教师平均拥有 5 年或 5 年以上相关工作经验。 **例：** · 实施幼儿 / 婴儿—学步儿课程。 · 设计和实施项目。 · 观察和评价幼儿。 · 指导其他员工。 · 与家长 / 家庭合作。	问题：主班 / 骨干教师分别有多少年的早期教育经验？

VI. 员工资质和员工发展

VI-C. 服务人员（如厨师、校车司机、秘书）和志愿者接受适当的上岗培训和监督。

根据评分规则圈出本条目的水平。

1　2　3　4　5

□如果观察和访谈都未发现，请在此打钩。

	水平 1 指标	水平 3 指标	水平 5 指标	支持性证据 / 逸事
第一行	□服务人员不经过筛选。	□服务人员有时经过筛选。	□对服务人员进行背景核实和面试筛选。	问题：对服务人员是否进行筛选？（如果是）如何筛选？
第二行	□服务人员的工作与他们的背景和技能不符。	□服务人员的工作有时与他们的背景和技能相符。	□服务人员的工作与他们的背景和技能相符。	问题：你如何安排服务人员的工作？
第三行	□服务人员和志愿者没有接受过与他们职责相关的入职辅导和培训。	□服务人员和志愿者有时会接受与他们职责相关的入职辅导和培训。	□服务人员和志愿者会接受与他们职责相关的入职辅导和培训。	问题：服务人员和志愿者是否接受过入职辅导和培训？（如果有）是什么？
第四行	□服务人员和志愿者没有受到监督。	□服务人员和志愿者有时受到监督。	□服务人员和志愿者受到监督。	问题：是否对服务人员和志愿者进行监督？（如果是）如何做？

VI. 员工资质和员工发展

VI-D. 员工持续参与专业发展活动,例如参加会议、专业工作坊,学习大学层次的课程,参加在职培训、在线培训,编纂或翻阅资料库,参与教师交流活动以及观察和指导活动。

根据评分规则圈出本条目的水平。

1 2 3 4 5

□如果观察和访谈都未发现,请在此打钩。

	水平 1 指标	水平 3 指标	水平 5 指标	支持性证据 / 逸事
第一行	□教师不参加专业发展活动。	□一些或所有教师每年参加 1~4 次专业发展活动。	□所有教师每年参加 5 次或 5 次以上专业发展活动。	问题：教师是否参加专业发展活动?（如果是）是什么活动? 有多少人参加? 一年有几次?
第二行	□管理者不参加专业发展活动。	□管理者每年参加 1~4 次专业发展活动。	□管理者每年参加 5 次或 5 次以上专业发展活动。	问题：你是否参加专业发展活动?（如果是）是什么活动? 一年有几次?
第三行	□服务人员不参加专业发展活动。	□一些或所有服务人员每年参加 1~4 次专业发展活动。	□所有服务人员每年参加 5 次或 5 次以上专业发展活动。	问题：服务人员是否参加专业发展活动?（如果是）是什么活动? 有多少人参加? 一年有几次?

VI. 员工资质和员工发展

VI-E. 有专门针对早期发展和教育的在职培训。

根据评分规则圈出本条目的水平。

1 2 3 4 5

□如果观察和访谈都未发现，请在此打钩。

	水平 1 指标	水平 3 指标	水平 5 指标	支持性证据 / 逸事
第一行	□不提供在职培训。	□每年提供 1~4 次在职培训。	□每年提供 5 次在职培训。	注意：如果本行属于水平 1，则不用再完成其他行的评分，本条目即被计为"1"分。 问题：机构是否提供在职培训？（如果是）一年几次？
第二行	□在职培训的主题与早期发展和教育实践不相关。 例： · 主题包括准备简历以及节日布置。	□在职培训有时涉及与早期发展和教育实践相关的主题。	□在职培训的主题总是针对早期发展和实践。 例： · 主题包括儿童社会性发展、依恋、早期读写能力、小组活动设计和感官材料。	问题：主题涵盖哪些内容？
第三行	□在职培训不基于某种课程模式。	□在职培训基于多种课程模式。	□在职培训始终基于某一种将理论和实践整合的课程模式。	问题：在职培训是基于一种还是多种课程模式？如果是基于一种，那么该模式是否提供理论或实践？

续表

	水平 1 指标	水平 3 指标	水平 5 指标	支持性证据 / 逸事
第四行	□在职培训不基于教师所关心和感兴趣的话题。	□在职培训有时基于教师所关心和感兴趣的话题。	□在职培训始终基于教师所关心和感兴趣的话题。 **例：** · 教师完成需求评价。 · 督导和教师讨论后确定主题。 · 教师要求基于他们听到的或看到的内容确定工作坊主题。 · 教师建议在工作坊结束后有跟进的会议。	问题：在职培训是否经常基于教师所关心和感兴趣的话题？
第五行	□员工没有与同一培训师保持联系。	□员工有时与同一培训师保持联系。	□员工与同一培训师保持联系，培训师提供连续性的支持并帮助员工积累知识。	问题：谁提供培训？ 问题：员工与培训师之间是怎样的关系？
第六行	□在职培训主要是培训师主导的讲座。	□培训师有时积极地与员工互动。	□培训师经常通过实际操作型工作坊、小组讨论和头践活动的形式与员工积极互动。	问题：在职培训的特点是什么？比如，是讲座吗？ 问题：是否包括实际操作的活动、讨论和实践练习？
第七行	□接受在职培训的员工不思考他们正在做的事情，也不分享他们的经验。	□接受在职培训的员工偶尔思考他们正在做的事情或分享他们的经验。	□接受在职培训的员工经常思考他们正在做的事情，并分享他们的经验。	问题：员工是否反思和分享他们的培训和实践经验？（如果是）是怎么做的？

VI. 员工资质和员工发展

VI-F. 教学人员定期接受熟悉机构课程目的、目标和方法的人员所进行的观察评价并得到反馈。

根据评分规则圈出本条目的水平。

1   2   3   4   5

□如果观察和访谈都未发现，请在此打钩。

	水平 1 指标	水平 3 指标	水平 5 指标	支持性证据 / 逸事
第一行	□教学人员不接受观察和反馈。	□教学人员每年接受 1~2 次观察和反馈。	□教学人员每年接受 3 次或 3 次以上观察和反馈。	问题：教学人员是否在机构中接受观察和反馈？（如果是）多久一次？
第二行	□负责评价员工的人对机构中任一年龄水平的课程都不熟悉。	□负责评价员工的人对机构中每一个年龄水平所使用的课程的熟悉程度一般。 例： ·评价者理解幼儿课程，但是不熟悉婴儿—学步儿课程。	□负责评价员工的人对机构中每一个年龄水平所使用的课程都非常熟悉。	问题：负责评价员工的人对于每个年龄段的课程是不熟悉、一般熟悉还是非常熟悉？
第三行	□员工不参与评价过程。	□员工有时参与评价过程。	□员工平等地参与评价过程，并且讨论如何发挥自身优势并提升机构质量。	问题：员工是否参与评价过程？（如果是）是如何参与的？

VI. 员工资质和员工发展

VI-G. 管理者和教师加入了地方和/或国家级的早期教育专业组织。

根据评分规则圈出本条目的水平。

1　2　3　4　5

☐如果观察和访谈都未发现，请在此打钩。

	水平 1 指标	水平 3 指标	水平 5 指标	支持性证据 / 逸事
第一行	☐管理者不是早期教育专业组织中的成员。	☐管理者是早期教育专业组织中的成员，偶尔阅读该组织的一些出版物或是参加该组织的会议。	☐管理者是早期教育专业组织中的成员，经常阅读该组织的一些出版物并参加该组织的会议。	问题：你作为管理者，是哪个专业组织的成员吗？ 问题：你多久阅读一次该组织的出版物 / 参加一次该组织的会议？
第二行	☐没有一位教师是早期教育专业组织中的成员。	☐部分教师是早期教育专业组织中的成员。	☐所有的教师都是早期教育专业组织中的成员，接收该组织的出版物并且 / 或者参加该组织的会议。	问题：教师是哪个专业组织的成员？ 问题：他们多久阅读一次该组织的出版物或参加一次该组织的会议？
第三行	☐机构不会报销任何会员费或参加专业组织会议的花费。	☐机构会报销参加一个专业组织一部分会员费或会议费。	☐机构会至少报销参加一个专业组织的所有会员费或会议费。	问题：机构会报销你的会员费或因参加会议产生的花费吗？

VII. 机构管理

VII-A. 机构获得认证机构的认证。

根据评分规则圈出本条目的水平。

1　　2　　3　　4　　5

□如果观察和访谈都未发现，请在此打钩。

	水平1指标	水平3指标	水平5指标	支持性证据/逸事
第一行	□机构没有获得认证。	□机构获得临时认证。	□机构获得认证。	问题：机构是否获得了认证或临时认证？
第二行	□机构没有满足地方的认证标准，包括建筑和设施、火灾、安全、健康和卫生设施、自然灾害和紧急情况，以及其他保护儿童、家庭和员工的政策和规程。	□机构满足或正在积极努力满足州和/或地方的一些认证标准以及其他一些保护儿童、家庭和员工的政策和规程。	□机构满足地方的认证标准，包括建筑和设施、火灾、安全、健康和卫生设施、自然灾害和紧急情况，以及其他保护儿童、家庭和员工的政策和规程。	问题（如果没有获得认证或临时认证）：你的机构没有达到什么认证标准？ 问题：你在继续努力以达到这些标准吗？（如果是）是如何做的？

VII. 机构管理

VII–B.机构政策有助于教室里成人的稳定性（给一线工作者付酬）。

根据评分规则圈出本条目的水平。

1　　2　　3　　4　　5

□如果观察和访谈都未发现，请在此打钩。

	水平 1 指标	水平 3 指标	水平 5 指标	支持性证据 / 逸事
第一行	在幼儿园 □每个班有 21 名或更多的幼儿。	在幼儿园 □每个班有 19~20 名幼儿。	在幼儿园 □每个班有 18 名或更少的幼儿。	□如果只招收婴儿/学步儿，那么请标记"不适用"。 问题: 接受观察的教室中有多少名幼儿?
第二行	在幼儿园 □每个班里的成人照顾 11 名或更多的幼儿。	在幼儿园 □每个班里的成人照顾 10 名或更多的幼儿。	在幼儿园 □每个班里的成人照顾 9 名或更少的幼儿。	□如果只招收婴儿/学步儿，那么请标记"不适用"。 问题: 接受观察的教室中每个成人要照顾多少名幼儿?

	水平 1 指标	水平 3 指标	水平 5 指标	支持性证据 / 逸事
第三行	在婴儿和 / 或稍小的学步儿（0~24 个月）的班级 □10 名或 10 名以上婴儿和 / 或稍小的学步儿一组；同一位主要照顾者照看人数为 5 名或者 5 名以上。	在婴儿和 / 或稍小的学步儿（0~24 个月）的班级 □9 名婴儿和 / 或稍小的学步儿一组；同一位主要照顾者照看人数不超过 4 名。	在婴儿和 / 或稍小的学步儿（0~24 个月）的班级 □8 名或 8 名以下婴儿和 / 或稍小的学步儿一组；同一位主要照顾者照看人数不超过 3 名（婴儿）或 4 名（较小的学步儿）。	□如果不招收婴儿和 / 或稍小的学步儿，或者每个教室只有一位教师，那么请标记"不适用"。 问题：一个组里有多少名婴儿和 / 或稍小的学步儿？ 问题：一位主要照顾者要照看几名婴儿，几名稍小的学步儿？
第四行	在稍大的学步儿（24~36 个月）的班级 □17 名或 17 名以上的学步儿一组；同一位主要照顾者照看人数为 7 名或者 7 名以上。	在稍大的学步儿（24~36 个月）的班级 □16 名或 16 名以下的学步儿一组；同一位主要照顾者照看人数不超过 6 名。	在稍大的学步儿（24~36 个月）的班级 □12 名及 12 名以下的学步儿一组；同一位主要照顾者照看人数不超过 4 名。	□如果不招收稍大的学步儿或者每个班只有一位教师，那么请标记"不适用"。 问题：一个组里有多少名学步儿？ 问题：一位主要照顾者要照看几名学步儿？
第五行	□在过去的 12 个月，教师的流动率达到或高于 40%。	□在过去的 12 个月，教师的流动率为 16%~39%。	□在过去的 12 个月，教师的流动率为 15% 及以下。	问题：机构中有多少教学人员？在过去的 12 个月中有多少人离职或者更换？

VII. 机构管理

VII-C.员工定期开展机构评价并利用评价结果改进。

根据评分规则圈出本条目的水平。

1   2   3   4   5

□如果观察和访谈都未发现，请在此打钩。

	水平 1 指标	水平 3 指标	水平 5 指标	支持性证据 / 逸事
第一行	□近一年来员工没有评价过机构。	□近一年来员工评价过机构一次。	□近一年来员工评价过机构两次或两次以上。	问题：员工是否评价机构？（如果是）在过去一年中评价过几次？
第二行	□未利用机构评价工具评价实施情况。	□利用机构评价工具评价部分实践。	□利用机构评价工具评价所有方面。 **例**： · 课堂实践。 · 计划和评价过程。 · 家长参与。 · 行政程序。	问题：评价过机构的哪些方面？
第三行	□没有系统的程序用来巩固机构的优势并进一步改进。	□评价结果有时被用于巩固机构的优势并进一步改进。	□评价结果被系统地用于巩固机构的优势并进一步改进。 **例**： · 确认在职培训需求。 · 改正管理实践。 · 寻找额外资源。	问题：机构评价的结果如何利用？

VII. 机构管理

VII-D. 机构有招生和入园计划。

根据评分规则圈出本条目的水平。

1   2   3   4   5

□如果观察和访谈都未发现，请在此打钩。

	水平1指标	水平3指标	水平5指标	支持性证据/逸事
第一行	□没有招生和入园计划。幼儿是随机招收的。	□有一个不完备的招生和入园计划。	□有一个完善的记录在案的文本式的幼儿招生和入园计划，包括如何选择和安置幼儿。	问题：有招生和入园计划吗？（如果有）计划包括哪些方面？计划是文字形式的还是其他形式的？
第二行	□家长没有收到招生材料。	□家长收到一些招生材料。	□家长收到招生材料。 例： · 机构概况。 · 校历。 · 信息和许可文件。 · 机构政策。 · 缴费日期。 · 入园程序。 · 退园程序。	问题：家长会收到招生材料吗？（如果会）是什么材料？

续表

水平 1 指标	水平 3 指标	水平 5 指标	支持性证据 / 逸事
第三行	□入园前家长和幼儿没有到过园里。 例： · 在幼儿入园前，家长只是与机构工作人员通过电话。 · 幼儿入园前没有到过园。 · 由校车接送幼儿。 · 机构没有人带幼儿参观。	□入园前家长和幼儿在园里待过 1 小时。 例： · 当家长与园长谈话时，幼儿在教室里玩耍。	□入园前家长和幼儿在园里待了两小时或更长的时间。 例： · 家长和幼儿见过教师并与教师交谈，与其他家长和同伴会面，参观教室并在教室里玩耍。 · 在入园前婴儿和学步儿有时间适应环境。 · 在入园前婴儿和学步儿同他们的家长至少有两天（每天 1 个小时）一起参观教室。	问题：正式入园前，家长和幼儿来过园里吗？（如果来过）一般待多长时间？他们都做什么？
第四行	□没有努力让讲其他语言或者有残疾的家长了解机构信息。	□仅做有限的努力让讲其他语言或者有残疾的家长了解机构信息。	□尝试多种方法让讲其他语言或者有残疾的家长了解机构信息。 例： · 对家长手册进行翻译或制作放大版。	□如果机构中没有幼儿的父母讲英语以外的其他语言或有残疾，那么请标记"不适用"。 问题：机构中有母语非英语的家长或残疾家长吗？ 问题：你如何让他们了解机构信息和材料？

VII. 机构管理

VII–E. 机构有一套完整、成熟的制度和程序。

根据评分规则圈出本条目的水平。

1   2   3   4   5

☐如果观察和访谈都未发现，请在此打钩。

	水平 1 指标	水平 3 指标	水平 5 指标	支持性证据 / 逸事
第一行	☐没有考勤制度。	☐有非书面（非正式）的考勤制度。	☐有员工和家长熟知并持续实施的书面考勤制度。	问题：你的机构是否有书面的考勤制度？（如果有）是否有固定程序？
第二行	☐没有天气制度。	☐有非书面（非正式）的天气制度。	☐有员工和家长熟知并持续实施的书面天气制度。	问题：你的机构是否有书面的天气制度？（如果有）是否有固定程序？
第三行	☐没有生病制度。	☐有非书面（非正式）的生病制度。	☐有员工和家长熟知并持续实施的书面生病制度。	问题：你的机构是否有书面的生病制度？（如果有）是否有固定程序？

续表

	水平 1 指标	水平 3 指标	水平 5 指标	支持性证据 / 逸事
第四行	□没有用药制度。	□有非书面（非正式）的用药制度。	□有员工和家长熟知并持续实施的书面用药制度。	问题：你的机构是否有书面的分发药物制度？（如果有）是否有固定程序？
第五行	□没有纪律制度。	□有非书面（非正式）的纪律制度。	□有员工和家长熟知并持续实施的书面纪律制度。	问题：你的机构是否有书面的纪律制度？（如果有）是否有固定程序？
第六行	□没有意外和突发情况制度。	□有非书面（非正式）的意外和突发情况制度。	□有员工和家长熟知并持续实施的书面意外和突发情况制度。	问题：你的机构是否有书面的意外和紧急情况制度？（如果有）是否有固定程序？
第七行	□没有虐待和忽视儿童报告制度。	□有非书面（非正式）的虐待和忽视儿童报告制度。	□有员工和家长熟知并持续实施的书面的虐待和忽视儿童报告制度。	问题：你的机构是否有书面的虐待和忽视儿童报告制度？（如果有）是否有固定程序？

	水平1指标	水平3指标	水平5指标	支持性证据/逸事
第八行	□没有保密制度。	□有非书面（非正式）的保密制度。	□有员工和家长熟知并持续实施的书面保密性制度。	问题：你的机构是否有书面的保密性制度？（如果有）是否有固定程序？
第九行	□没有处理投诉制度。	□有非书面（非正式）的处理投诉制度。	□有员工和家长熟知并持续实施的书面的处理投诉制度。	问题：你的机构是否有书面的处理投诉制度？（如果有）是否有固定程序？

VII. 机构管理

VII-F. 机构招收残疾儿童。

根据评分规则圈出本条目的水平。

1 2 3 4 5

☐如果观察和访谈都未发现，请在此打钩。

	水平1指标	水平3指标	水平5指标	支持性证据/逸事
第一行	☐设施对于残疾人士不是无障碍的、可用的。	☐一些设施对于残疾人士是无障碍的和可用的。	☐设施对于残疾人士是无障碍的和可用的，包括斜坡道、宽门、便捷的盥洗设施、便捷的存贮设施（架子和衣钩）、轮椅停放的地方。	问题：你的机构是否有以下设施来方便残障人士？如斜坡道、宽门、便捷的盥洗设施、可利用的存贮设施（架子和衣钩）、轮椅停放的地方？
第二行	☐没有设置无障碍设施的计划。	☐有设置无障碍设施的具体计划。	☐无障碍设施维护良好。	问题：如果有以上任何一种或所有设施，那么这些设施有没有得到很好的维护？ 问题：如果没有以上设施，有计划提供这些设施吗？（如果有）是什么计划？

VII. 机构管理

VII-G. 机构有足够的资金。

根据评分规则圈出本条目的水平。

1　2　3　4　5

☐ 如果观察和访谈都未发现，请在此打钩。

	水平 1 指标	水平 3 指标	水平 5 指标	支持性证据 / 逸事
第一行	☐ 没有足够的资金排除当前存在的不安全因素或缓解设备和各年龄段用品的短缺问题。	☐ 资金能解决部分而非全部的安全、设备和各年龄段用品的问题。	☐ 资金足以保证教室安全并很好地配备与各年龄段发展适宜的设备和材料。	问题：你的机构的资金是不充足、部分充足还是完全充足（以保证教室安全并很好地配备教学设备和材料）？
第二行	☐ 没有足够的资金吸引和聘请不同层次的合格员工。	☐ 资金能吸引和聘请部分而非所有层次的合格员工。	☐ 资金足以吸引和聘请所有层次的合格员工。工资和福利等同于或超出其他同等机构。	问题：机构的资金是不充足、部分充足还是完全充足（以吸引和聘请各层次合格员工）？

续表

	水平 1 指标	水平 3 指标	水平 5 指标	支持性证据 / 逸事
第三行	□资金不足，不能让教学团队在上班时间制订计划。 例： · 教师不制订计划，或者他们利用自己的时间制订计划。	□资金足以让教学团队在上班时有一周 1~2 次的制订计划时间，并且 / 或者教师每天都制订计划但不是所有教师一起制订计划。 例： · 团队周五一起制订计划。 · 主班教师为所有幼儿制订计划。 · 一位教师制订一周的计划，另一位教师制订下一周的计划。	□资金足以让教学团队参与的上班时间都有计划时间。 例： · 当幼儿午休时或幼儿不在场时（入园前或离园后），两位教师每天都一起制订计划。 · 当幼儿午休时或幼儿不在场时（入园前或离园后），教师团队每天一起制订计划。	问题：机构的资金是否足以支付教师的计划时间？（如果是）教师多久做一次计划？
第四行	□员工培训资金不足以支付任何一个员工的核准费用。	□员工培训资金足以支付　部分员工的核准费用。	□员工培训资金足以支付所有员工的核准费用，包括工作坊和会议费、交通费、日薪和代课教师费用。	问题：机构的资金是不充足、部分充足还是完全充足（以支付员工培训花费）？

	水平 1 指标	水平 3 指标	水平 5 指标	支持性证据 / 逸事
第五行	□资金不足以支付与家长参与和服务相关的任何活动费用。	□资金足以支付与家长参与和家庭服务相关的一部分活动费用。	□资金足以支付与家长参与和家庭服务相关的所有活动花费，包括会议期间儿童的看护、材料的更新，以及手册、简报和其他资源的印发。	问题：你的机构资金是不充足、部分充足还是完全充足（以支付家庭参与的费用）？

汇 总 单

管理者姓名：＿＿＿＿＿＿＿＿＿＿＿ 机构名称：＿＿＿＿＿＿＿＿＿＿＿

评价者姓名：＿＿＿＿＿＿＿＿＿＿＿ 评价日期：＿＿＿＿＿＿＿＿＿＿＿

使用数字（1、2、3、4、5）对每个条目进行评价。如果某个条目没有评分，填写"观察和访谈都未发现"。

V. 家长参与和家庭服务

____A. 家长参与的机会

____B. 决策委员会中有家长

____C. 家长参与幼儿活动

____D. 分享课程信息

____E. 与家长交流

____F. 家庭中的拓展学习

____G. 正式的家长会

____H. 诊断式 / 特殊教育服务

____I. 必要的服务引介

____J. 幼小衔接

VI. 员工资质和员工发展

____A. 机构管理者的背景

____B. 教师的背景

____C. 员工接受上岗培训与监督

____D. 持续的专业发展

____E. 在职培训的内容和方法

____F. 观察与反馈

____G. 加入专业组织

VII. 机构管理

____A. 机构注册

____B. 保教的持续性

____C. 机构评价

____D. 入园以家庭为中心

____E. 制度与程序

____F. 残疾儿童的入学机会

____G. 机构资金的充足性

_____ 没有评分的机构条目数量

（标注"观察和访谈都未发现"的条目数量）

_____ 已评分的机构条目数量

（24减去没有评分的条目数量）

_____ 机构层面的总分

（已评分的条目得分之和）

_____ 机构层面的平均分

（总得分 ÷ 已评分的条目数量）

参考文献

Arnett, J.(1989). Caregivers in day care centers: Does training matter? *Journal of Applied Developmental Psychology, 10,* 541-552.

Burts, Diane C., Hart, Craig H., Charlesworth, Rosalind, & Kirk, L.(1990).A comparison of frequencies of stress behaviors observed in kindergarten children in class-rooms with developmentally appropriate versus develop-mentally inappropriate instructional practices. *Early Childhood Research Quarterly, 5*(3), 407-423.

Epstein,A. S.(1993). *Training for quality: Improving early child-hood programs through systematic inservice training.* Ypsilanti, MI: High/Scope Press.

Epstein,Λ. S.(1999). Pathways to quality in Head Start, public school, and private non-profit early childhood programs. *Journal of Research in Childhood Education, 13* （2）, 101-119.

Fiene, R., & Melnick, S.(1991,April). *Quality assessment in early childhood programs: A multidimensional approach.* Paper presented at the annual meeting of the American Educational Research Association, Chicago, Illinois.

Harms,T., & Clifford, R. M.(1980). *The Early Childhood Environment Rating Scale.* New York, NY:Teachers College Press.

Harms,T., Clifford, R. M., & Cryer, D.(1998). *The Early Childhood Environment Rating Scale: Revised Edition.* New York, NY:Teachers College Press.

High/Scope Educational Research Foundation. (1989).

High/Scope Program Implementation Profile (PIP). Ypsilanti, MI: High/Scope

Press.

High/Scope Educational Research Foundation. (1992).

High/Scope Child Observation Record (COR)for Ages $2^1/_2$-6. Ypsilanti, MI: High/Scope Press.

High/Scope Educational Research Foundation. (1997). *Early returns: First-year report of the Michigan School Readiness Program Evaluation.* Ypsilanti, MI:Author, Research Division.

High/Scope Educational Research Foundation. (1998).

High/Scope Program Quality Assessment (PQA)—Preschool Version. Ypsilanti, MI: High/Scope Press.

Jurkiewicz,T. (2003). The Revised Preschool PQA: *Report on psychometric properties.* Instrument evaluation report to the Michigan Department of Education. Ypsilanti, MI: High/Scope Educational Research Foundation, Research Division.

Mardell-Czudnowski, C., & Goldenberg, D. S. (1990).

Developmental Indicators for the Assessment of Learning—Revised. Circle Pines, MN:American Guidance Services, inc.

Schweinhart, L. J. (2000, June). *Hansel Head Start program quality:A report to the Community Foundation of St. Joseph.* Ypsilanti, MI: High/Scope Educational Research Foundation, Research Division.

Schweinhart, L. J., Epstein,A. S., Okoloko,V., & Oden, S. (1998, July). *How staffing and staff development contribute to Head Start program quality and effectiveness.* Paper presented at the Head Start Quality Research Center Consortium Poster Symposium, Head Start Fourth National Research Conference,Washington, DC.

Schweinhart, L.J., Oden, S., Okoloko,V., Epstein, A.S.,& Markley,C.(2000,June). *Early results: Implementation of a Head Start effectiveness study using random assignment.* Poster session presented at the Head Start Fifth National Research Conference,Washington, DC.

Smith,C.,Jurkiewicz,T.,& Xiang,Z.P.(2002). *Program quality in Michigan School Readiness Program classrooms: Classroom characteristics, teacher beliefs, and measurement issues.* Evaluation report to the Michigan Department of Education. Ypsilanti, MI: High/scope Educational Research Foundation, Research Division.

U.S. Department of Health and Human Services,Administration for Children and Families, Head Start Bureau, Program Performance Standards for the Operation of Head Start Programs by Grantee and Delegate Agencies, Federal Register (1996, November 05).Washington, D.C.: U.S. Government Printing Office, 57210-57227.

U.S. Department of Health and Human Services, Administration for Children and Families, Head Start Bureau, Program Performance Standards and Other Regulations. (2002,October). Available from http://www2.acf.dhhs.gov/programs/hsb/performance/index.htm.

后　记

　　高瞻教育研究基金会多年来一直通过实施机构评价来证明其课程模式的有效性。事实上，他们通过机构评价不仅证明了高瞻课程是高质量学前教育方案的代表，而且还证明了学前教育的经济价值和社会价值，使公众认识到学前教育是一项符合成本—收益原则的社会投资。美国国家研究委员会的报告《渴望学习：教育我们的幼儿》概括了十几年的研究成果，清楚地揭示学前教育与儿童的表现有积极而重要的联系。要了解儿童的表现和发展，就需要评价儿童所在的学前教育机构提供的教育经验。换一个角度来看，学前教育机构更应该对儿童的学习负责。为此，需要有效的工具来评价学前教育机构如何促进儿童各个领域的学习，这样的工具就有代表性地指向了机构质量测量或者评分系统。因此，机构评价一直是高瞻课程方案中极富特色和影响力的部分。故而，我们百般寻觅后组织翻译了本书。

　　《学前教育机构质量评价系统》是我和我的团队共同经历了两个艰难征程完成的。我们于6年前就追寻并组织翻译本书，苦于未能拿到版权，无法将此书出版。6年后，我们拿到版权并重新定位、着手翻译，旨在将高瞻课程的机构质量评价系统带到中国，借鉴其优秀的评价思维，将其运用于我国学前教育机构的质量评价和学前教育领域的研究中。第一征程由我已经毕业的优秀博士生和硕士生进行，主要分为5个阶段。第一阶段，项目启动。由徐鹏翻译词汇表，形成供翻译团队共享的专业词汇中英文统一对照表。第二阶段，首轮翻译。翻译团队经讨论后对任务量进行了首轮分配，具体方案是：操作手册部分由王辙和魏灿星合作翻译，表A由陈雅川、陈鹏飞和张娜娜合作翻译，表 B 由高宏钰和王辙合作翻译。第三阶段，两两互校。首轮翻译结束后，团队内部互相交换英文原稿，由不同的人进行二次翻译，之后通过与初稿的比对，发现问题，讨论异同，进而形成第三稿。第四阶段，统一术语。互校之后，各组收集翻译过程中的普遍及特殊问题，组织多次讨论会，集中商讨翻译疑点和难点，并最终形成更新版的术语表，之后由团队成员逐一查找和替换之前的差别译法，使得全书前后表述一致。第五阶段，校对合稿。在收集各组完成稿之后，需针对之前的翻译要求和汇总问题，进行一轮通篇的校对查验，具体分工是：操作手册部分由王辙负责校对，表 A 和表 B 由陈雅川负责校对。在这次翻译过程中，每个人都投以百分之百的热情和认真。虽然未能付梓，但这一阶段的成果仍然有着无可取代的价值。6 年后拿到版权，但外方已出版了新版，于是，万里长征从头越，我再次组织我的博士生和硕士生展开了第二轮的翻译征程。第一阶段，由我带领的硕博翻译团队在通读全书的基础上，首先进行了目录翻译和关键术语翻译，并请黄爽、黄双、李金不断质疑和讨论。第二阶段，由黄爽组织带领黄双、李金进行本书的重译，并细致比对新旧两版的异同之处；由黄双牵头，带领何淼、王冰虹、张艺将新版《学前教育机构质量评价系统》的表 A、表 B 各项评价指标整理成表格，先行对指标进行校对。第三阶段，在黄爽组织带领下，李金逐词逐句校对表 A，黄双逐词逐句校对表 B，徐鹏校对操作手册。第四阶段，黄爽、李金、何淼再次进行全书细核；由黄爽负责拟写本书译者前言和后记，并组织黄双、李金对丛书译者前言进行修订。第五阶段，整合译稿并做最后确认，由黄爽对译稿整合版本进行全面确认，最终由我定稿。特别感谢本书的主要译者黄爽，她是我已经毕业的博士研究生，一直以来能够以良好的学术研究态度参与工作，在她身上，我看到了一名青年学者的积极学习品质与突出的学术功底。特别感谢参与本书翻译第一征程的陈雅川、高宏钰、徐鹏、王辙、魏灿星、陈鹏飞和张娜娜，他们是我已经毕业的硕博学生，在读期间勤奋进取，毕业之后一直协助我的工作，有较好的学者风范。特别感谢参与本书翻译第二征程的黄双、李金、徐鹏和何淼等人，翻译过程中她们将翻译与自身的学术研究相结合，领悟研和究的真谛。还要特别感谢本译丛的主要负责人，也是迄今为止我最为年轻的合作伙伴李金、刘祎玮和何淼，她们自始至终既主要负责各自的学术翻译和学术研究，又协助我对本丛书中每本书进行一轮轮的"鹰架"布设和实际执行——她们都是我的硕士研究生，是 20 岁出头的年轻人，但她们主动性的学习品质、合作性的行动品质、创造性的思维品质让我受益良多，也让整个翻译团队能够百折不挠地持续前行。她们和她们所代表的年轻人是"早上八九点钟的太阳"，学前教育事业改革和有发展的希望寄托在她们身上。

　　从翻译之初，我们就决定不仅要把本书的翻译作为重要的翻译工作来做，而且要把本书的翻译作为重要的研究工作来做。团队成员在这项翻译工作中，不仅深入了解了国际高质量评价工具的指标细则与评测要求，而且在此过程中逐渐清晰了各自的研究方向，并在此基础上形成了一个个具体的研究方案设计。年轻研究者的成长使得本书的翻译更具意义。我们也期待会有更多的研究者能够据此开展本土化学前教育机构评价的相关研究，为支持我国高质量学前教育的发展提供一个符合国际发展趋势且适宜国情的机构评价工具。

　　在教育部《幼儿园保育教育质量评估指南》出台之后，我和团队结合新时代学前教育发展的需求，继续研究并深入挖掘《学前教育机构质量评价系统》的内涵与价值，尝试放人该评价系统的闪光点，努力赋予该评价系统新的生命力。《幼儿园保育教育质量评估指南》以坚持正确方向、坚持儿童为本、坚持科学评估、坚持以评促建为基本原则，以促进幼儿身心健康发展为导向，聚焦幼儿园保育教育过程质量，以办园方向、保育与安全、教育过程、环境创设、教师队伍等 5 个方面为主要评估内容，以注重过程评估、强化自我评估、聚焦班级观察为评估方式，开启了幼儿园保育教育质量评估的新纪元。而《学前教育机构质量评价系统》班级层面和机构层面的评价对《幼儿园保育教育质量评估指南》所关注的 5 个方面均或多或少有涉及，有影响，有碰撞。借此再版的机会，我们对原书稿进行了细致的再审校和查漏补缺，并结合新时代背景、《幼儿园保育教育质量评估指南》和本书的内容对译者前言进行了调整。本书再审校和译者前言由龙正渝、杜宝杰、姚聪瑞、武明洁协助我完成，抚州幼儿师范高等专科学校的刘成云老师从人才培养的角度就"借鉴《学前教育机构质量评价系统》（PQA）建构扎根中国大地的幼儿园教育质量评价体系"的框架与部分内容与我和团队进行沟通讨论，在此一并感谢。通过前言的修订和再思考，我们希望推动建构扎根中国大地的幼儿园质量评价体系，真正解决当前我国学前教育质量评价领域如何进行"科学评估""以评促建"，以及"评什么""在哪评""用何评""如何评"等问题，在此一并感谢。

在此书完稿出版和再版之际，感谢教育科学出版社学前分社为此书翻译和出版所付出的努力，感谢教育科学出版社给予的多方面的大力支持和帮助。

本书的翻译不是任何个人的智慧和努力所能企及的，它是集体智慧和合作的结晶。希望本书的翻译和出版能够激发像我们一样热爱学前教育并有志于学前教育质量提升的同人灵感的火花和思维的深入，能够启迪我们大家为创造适合中国文化和中国儿童的学前教育课程模式和幼儿园教师培训模式持续地贡献自己的智慧和力量。水平所限，本书翻译定有遗憾之处，但追求学术研究永无止境，真诚期待读者提出宝贵意见和建议，以帮助、鼓励我们继续研究，不断前进。

北京师范大学　霍力岩

2023 年 1 月 5 日

出 版 人　李　东
责任编辑　王春华
版式设计　宗沉书装　　沈晓萌
责任校对　贾静芳
责任印制　叶小峰

图书在版编目（CIP）数据

学前教育机构质量评价系统／美国高瞻教育研究基
金会著；霍力岩等译 .—北京：教育科学出版社，2018.7（2023.1 重印）
（高瞻课程的理论与实践／霍力岩主编）
书名原文：Preschool Program Quality Assessment
(PQA)，2nd Edition
ISBN 978−7−5191−1423−7

Ⅰ . ①学… 　Ⅱ . ①美… 　②霍… 　Ⅲ . ①学前教育—教
育组织机构—质量评价 　Ⅳ . ① G610

中国版本图书馆 CIP 数据核字（2018）第 117543 号

北京市版权局著作权合同登记 　图字：01−2016−9153 号

高瞻课程的理论与实践
学前教育机构质量评价系统
XUEQIAN JIAOYU JIGOU ZHILIANG PINGJIA XITONG

出版发行	教育科学出版社			
社　　址	北京·朝阳区安慧北里安园甲 9 号	市场部电话	010−64989572	
邮　　编	100101	编辑部电话	010−64989395	
传　　真	010−64989419	网　　址	http://www.esph.com.cn	
经　　销	各地新华书店			
制　　作	宗沉书装			
印　　刷	保定市中画美凯印刷有限公司			
开　　本	787 毫米 ×1092 毫米　1/16	版　　次	2018 年 7 月第 1 版	
印　　张	11.75	印　　次	2023 年 1 月第 7 次印刷	
字　　数	138 千	定　　价	50.00 元	

Preschool Program Quality Assessment (PQA), 2nd Edition

Administration Manual

By HighScope Educational Research Foundation

© 2003 HighScope Educational Research Foundation for the original edition.

Form A — Classroom Items

By HighScope Educational Research Foundation

© 2003, 2016 HighScope Educational Research Foundation for the original edition.

Form B — Agency Items for Infant-Toddler and Preschool Programs

By Ann S.Epstein, Suzanne Gainsley, Mary Hohmann, et al.

© 2013 HighScope Educational Research Foundation for the original edition.

© 2018 Educational Science Publishing House for this Chinese edition.